Weijian Zheng
Das große Buch der chinesischen Horoskope

Weijian Zheng

Das große Buch der chinesischen Horoskope

Aus dem Englischen von Brit Weirich

Anaconda

Penguin Random House Verlagsgruppe FSC® N001967

Die Deutsche Nationalbibliothek verzeichnet diese Publikation
in der Deutschen Nationalbibliografie; detaillierte bibliografische Daten
sind im Internet unter http://dnb.d-nb.de abrufbar.

© 2020 by Anaconda Verlag, einem Unternehmen
der Penguin Random House Verlagsgruppe GmbH,
Neumarkter Straße 28, 81673 München
Alle Rechte vorbehalten.
Umschlagmotive: Drache: shutterstock: Nipatsara Bureepia;
Hintergrund: Motive aus dem Innenteil
Umschlaggestaltung: www.katjaholst.de
Satz und Layout: www.paque.de
Druck und Bindung: Tešínská tiskárna, a.s., Česky Těšín
Printed in Czech Republic
ISBN 978-3-7306-0899-9
www.anacondaverlag.de

Inhalt

Einführung

In der Westlichen Astrologie werden Horoskope auf Grundlage verschiedener Sternkonstellationen erstellt. Schon seit geraumer Zeit beobachten Menschen den Nachthimmel und seine Sternbilder. In der chinesischen Kultur und auch in anderen asiatischen Ländern bezieht man sich hingegen auf zwölf symbolische Tierzeichen (die chinesischen Tierkreiszeichen), die sich nach dem Geburtsjahr einer Person richten. Während die Westliche Astrologie Prognosen bezüglich Charaktereigenschaften, Karrierechancen, Ehe und Wohlstand vor allem anhand planetarischer Verschiebungen trifft, geht die chinesische Astrologie noch einen Schritt weiter und kann auch durch die Bestimmung des Tierkreiszeichen detaillierte Einblicke gewähren.

Grundsätzlich lassen sich die Chinesischen Tierkreiszeichen gut auf die Sternzeichen der Westlichen Astrologie übertragen. So entspricht die Ratte zum Beispiel dem Wassermann und der Büffel dem Steinbock. Hinter dem Tiger verbirgt sich der Schütze und hinter dem Hasen der Skorpion. Allerdings sind die Parameter zur Ermittlung des persönlichen Tierkreiszeichens einer Person in der Chinesischen Astrologie um einiges komplexer, da hier auch Stunde, Tag, Monat und Jahr der Geburt eine Rolle spielen. Der Erfolg eines jeden Menschen hängt von seinem persönlichen Lebensweg ab, und neben den vielfältigen Charaktereigenschaften ist auch das Umfeld einer Person zu berücksichtigen. Jedenfalls scheinen erfolgsorientierte Menschen die für ein Tierkreiszeichen spezifischen Charakterzüge aufzuweisen. So ist ihnen ein besonders scharfer Verstand, Einsatzbereitschaft, Respekt sowie eine harmonische Außenwirkung und eine wichtige Position in der Gesellschaft gemein.

Bei den zwölf Tierkreiszeichen handelt es sich zum einen um elf Tierarten, die es auch auf der Erde gibt: Ratte, Büffel, Tiger, Hase, Schlange, Pferd, Schaf, Affe, Hahn, Hund und Schwein. Ein weiteres Tierkreiszeichen ist der Drache, das einzige mystische Wesen aus vergangenen Zeiten. Diese zwölf Tiere sind aus der chinesischen Kultur nicht wegzudenken. Obwohl der genaue Ursprung der Tierkreiszeichen nicht bekannt ist, wurden sie von Generation zu Generation weitergegeben – nicht zuletzt deshalb, weil sie sich großer Beliebtheit erfreuten, den Menschen nützlich erschienen und einfach Spaß brachten. Hinter dem Chinesischen Horoskop verbirgt sich eine kostbare Hinterlassenschaft bedeutsamer Werte, die die Menschen bereits in der Antike kannten.

Weitverbreitet ist die Idee, dass der Charakter und das persönliche Glück eines Menschen mehr oder weniger den Gewohnheiten, dem Aussehen und den Bewegungen eines bestimmten Tierkreiszeichens ähneln, da *sheng* (生) »Geburt« und *xiao* (肖) »Ähnlichkeit« bedeutet. *Shengxiao* nennt man das Phänomen, dass ein Tierkreiszeichen jeweils eine Verbindung zwischen Mensch und Tier herstellt. Dass man menschliche Eigenschaften wie Weisheit, Kraft, Mut, Gesundheit und Charme mit bestimmten Tieren assoziiert, zeigt deutlich, welch enormen Einfluss die Natur nach den Vorstellungen der Menschen auf den Kreislauf des Lebens nimmt, und das nun schon seit Tausenden von Jahren.

Um den Ursprung der zwölf Tierkreiszeichen ranken sich seit jeher die verschiedensten Mythen und Legenden. Die bekannteste Sage handelt von Huangdi, dem Gelben Kaiser, der nach zwölf verschiedenen Tierarten verlangte, die ihm im Himmel stets zu Diensten sein sollten. Er veranlasste einen Wettbewerb, aus dem die Ratte, der Büffel, der Tiger sowie die neun anderen Tiere als Sieger hervorgingen. Ein anderer Mythos besagt, dass es sich bei den Tierzeichen um die Totemtiere handelt, die einst von verschiedenen Familienstämmen verehrt wurden. Davon abgesehen hatte die Astronomie schon immer einen großen Einfluss auf die Menschheit.

Schon zu Zeiten des Kaisers Shun berief man sich in China auf einen Kalender, dessen Zyklus sich durch die Kombination der zehn Himmelsstämme und der zwölf Erdzweige ergibt. Die zehn Himmelsstämme sind *Jia* (甲), *Yi* (乙), *Bing* (丙), *Ding* (丁), *Wu* (戊), *Ji* (己), *Geng* (庚), *Xin* (辛), *Ren* (壬) und *Gui* (癸). Die zwölf Erdzweige sind *Zi* (子), *Chou* (丑), *Yin* (寅), *Mao* (卯), *Chen* (辰), *Si* (巳), *Wu* (午), *Wei* (未), *Shen* (申), *You* (酉), *Xu* (戌), und *Hai* (亥). Diese Himmelsstämme und Erdzweige finden sich im zyklischen Kalender wieder, der im 60-Jahre-Rhythmus funktioniert. Hier wird je ein Himmelsstamm-Symbol mit einem Erdzweig-Symbol kombiniert, zum Beispiel *Jia* mit *Zi* (甲子), *Yi* mit *Chou* (乙丑), und *Bing* mit *Yin* (丙寅). Diese sechzig Gruppen werden im Jahreszyklus alle sechzig Jahre wiederholt. Im Monatszyklus werden sie wiederum alle sechzig Monate (fünf Jahre) wiederholt, im Tageszyklus alle sechzig Tage. Im Stundenzyklus gibt es nach jeweils sechzig Zeitperioden eine Wiederholung (eine Zeitperiode steht für zwei Stunden). Diese Wiederholungen finden fortlaufend statt. Das Jahr, der Monat, der Tag und die Stunde sind jeweils von Kalendern der Himmelszeichen und Erdzweigen gekennzeichnet. Vor geraumer Zeit ordneten die Menschen den zwölf Tierzeichen außerdem die zwölf Erdzweige zu. *Zi* steht zum Beispiel für die Ratte, *Chou* steht für den Büffel usw.

Die früheste schriftliche Aufzeichnung der zwölf Tierzeichen findet man im altchinesischen Buch der Lieder (*Shijing*), welches die weltweit erste Gedichtsammlung darstellt. In welchem Kontext kamen die Tierkreiszeichen dort zur Sprache? Nun, die früheste Erwähnung geht auf die Zeit der Östlichen Han-Dynastie zurück (206 v. Chr. – 220 n. Chr.). In einem Werk des chinesischen Philosophen Wang Chong steht nämlich geschrieben: *Yin* steht für das Holz und den Tiger. *Xu* steht für die Erde und den Hund … *Wu* steht für das Pferd. *Zi* steht für die Ratte. *You* steht für den Hahn. *Mao* steht für den Hasen … *Hai* steht für das Schwein. *Wei* steht für das Schaf. *Chou* steht für den Büffel. *Si* steht für die Schlange. *Shen* steht für den Affen.«

Wie dieses Zitat erahnen lässt, war damals nur von elf Tieren die Rede. Der Drache fehlte. Auf Grundlage eines Werkes von Zhuge Liang, das im Wuyue-Reich zu Zeiten der Han-Dynastie veröffentlicht wurde, kam aber schließlich auch dieses Tier dazu – und so entstanden die zwölf Tierkreiszeichen, die wir heute kennen.

Diese zwölf Zeichen waren vor allem in den Nördlichen und Östlichen Dynastien (420–598 n. Chr.) verbreitet. So steht in einem Brief, der aus dieser Zeit stammt und den Yuwen Hu von seiner Mutter erhielt, Folgendes geschrieben: »Zwei deiner Brüder sind in Wuchuan geboren worden. Glaubt man den Tierkreiszeichen, entspricht der Älteste von euch der Ratte, der Jüngste dem Hasen, und du bist der Schlange zugeordnet.«

Dieser Ausschnitt zeigt, dass die Tierzeichen früher vor allem genutzt wurden, um das Geburtsjahr einer Person zu dokumentieren.

Wie jedoch aus mehr als 1000 Funden aus Bambusmaterial hervorgeht, die im Jahre 1975 bei der Ausgrabung des Grabes von Qin Shi Huangdi in Shuihudi, Yunmeng, in der Provinz Hubei ans Tageslicht kamen, war das Wahrsagen schon damals üblich: Eines der gefundenen Werke handelt von einem Räuber, dessen Erscheinungsbild ganz eindeutig auf den Tierkreiszeichen beruht. Dies beweist, dass die zwölf Tierkreiszeichen bereits in der Zeit der Frühlings- und Herbstannalen und der Streitenden Reiche 770–221 v. Chr. zur Anwendung kamen. Forschungen zufolge wurde das elfte Grab des Mausoleums im Jahre 217 v. Chr., also im 30. Herrschaftsjahr des Kaisers Qin errichtet. Mit wenigen Ausnahmen ist die Anordnung der Tiernamen, Himmelsstämme und Erdzweige durchaus mit jener der zwölf Tierkreiszeichen vergleichbar, die erst später bekannt wurden. Auch, was die Entwicklung und praktische Anwendung der Prophezeiung betrifft, lassen sich Parallelen zu den zwölf Tierkreiszeichen feststellen. Daraus kann man schließen, dass die Bambus-Überreste aus Shuihudi mit den zwölf Tierkreiszeichen, den Himmelsstämmen und Erdzweigen die Vorläufer der heutigen Tierkreiszeichen darstellen.

Bereits im Alten China dienten die Tiersymbole dazu, herauszufinden, wie weise die Menschen waren. Dass sich dieses Phänomen noch immer einer solchen Beliebtheit erfreut, liegt nicht zuletzt an der aktiven Aufrechterhaltung der Chinesischen Kultur, insbesondere auch durch die Kulturstiftung. Prophezeiungen dieser Art sind nämlich nicht nur eine sehr bildhafte Möglichkeit der Aufzeichnung, sondern auch ein bedeutender Bestandteil der Volkskultur, der über einen Zeitraum von mehr als 2000 Jahren weitergegeben wurde und so zur Herauskristallisierung der Eigenschaften jedes Tieres beitrug. Wer zum Beispiel im Jahr der Ratte geboren wurde, ist fröhlich und wohlhabend, Büffelmenschen sind gewissenhaft und bodenständig, Tiger stark und leidenschaftlich. Menschen mit dem Tierkreiszeichen Hase gelten als besonnen und geschickt, während Menschen mit dem Tierkreiszeichen Drache eine exotische und anziehende Art nachgesagt wird. Wer im Jahr der Schlange geboren wurde, ist romantisch und mysteriös, wer im Jahr des Pferdes geboren wurde, ist ungezügelt, Schafmenschen wiederum haben ein ausgezeichnetes Benehmen und sind für ihre Sanftmut bekannt. Wer im Jahr des Affen geboren wurde, ist intelligent und lebhaft, wer im Jahr des Hahns geboren wurde, ist temperamentvoll und erfolgreich, der Hund gilt als treu und leidenschaftlich, und Schweine sind gleichermaßen ehrlich wie faul und zufrieden. Kurz: Die Tierkreiszeichen beeinflussen und bereichern den Alltag der Menschen.

Die zwölf Symbole, die jeweils für ein Geburtsjahr stehen, zeigen sich übrigens auch im Buch der Wandlungen, dem *I Ging* oder *Yijing*, der Fünf-Elemente-Lehre, Yin und Yang, in den Acht Trigrammen, den Himmelsstämmen und Erdzweigen. Dieses Buch ermöglicht einen Einblick in das Leben eines Menschen, in seine Persönlichkeit und den beruflichen Werdegang und gibt nicht zuletzt Aufschluss über sein Liebesleben und die Ehe, über Erfolg und Wohlstand.

Welches ist mein Tierkreiszeichen?

Die zwölf Tierkreiszeichen unterscheiden sich von den Symbolen der westlichen Astrologie. Letztere richten sich nämlich nach den Monaten, während die Tierkreiszeichen vom Jahr bestimmt sind. Das Jahr wiederum wird in China durch zwei verschiedene Kalender dargestellt. Hierbei handelt es sich zum einen um den Sonnenkalender, der weltweit und allgemeingültig verwendet wird, sowie um den Mondkalender, welchen es in dieser Form nur in China gibt. Letzterer wird mithilfe der Tierkreiszeichen dargestellt: Wer beispielsweise im Jahr 2015 geboren wurde, ist im Jahr des Schafs zur Welt gekommen.

Der Jahreszeitenkreislauf des chinesischen Sonnenkalenders besteht aus 24 Stationen. Eine dieser Stationen ist der Frühlingsanfang im Zeitraum vom 3.–5. Februar. Mit ihm beginnt auch die Zuordnung zu einem Tierkreiszeichen, nicht mit dem 1. Januar des gregorianischen Kalenders, aber auch nicht mit dem ersten Tag des ersten Monats des Mondkalenders. In den Kapiteln zu den einzelnen Tierkreiszeichen sind jeweils gleich zu Beginn die Mondjahre nach dem Sonnenkalender aufgelistet, um die Erstellung Ihres Horoskops zu erleichtern. Angenommen ein Mensch wird im Jahr 2015 und somit im Jahr des Schafs geboren, dann wird nicht ab Mitternacht des ersten Januars 2015 gerechnet (Sonnenkalender), und auch nicht ab dem ersten Tag des ersten Mondmonats des Jahres 2015 (nach dem Sonnenkalender also dem 19. Februar 2015), sondern genau ab 11:58 des 4. Februars 2015 (Sonnenkalender), denn dies ist der Frühlingsbeginn des Jahres 2015.

Das Schicksal eines Tierzeichens ist jeweils vom Geburtstag und -monat abhängig. Wichtig: Hier geht man vom Mondkalender aus. Das Geburtsdatum muss also vom Sonnen- in den Mondkalender umgerechnet werden. Für gewöhnlich ist der Mondkalender um einen Monat nach hinten verschoben. Um Ihr Datum ganz genau zu berechnen, können Sie zwei verschiedene Methoden anwenden. Zum einen können Sie sich natürlich einen Mondkalender besorgen. Mithilfe der folgenden Formel können Sie Ihr Geburtsdatum aber auch selbst umrechnen. Die Formel ist etwas knifflig und in wenigen Fällen können dabei kleine Ungenauigkeiten auftreten. Diese sind aber so gering, dass die Ergebnisse in der Regel nicht davon beeinflusst werden. Wenn Sie für Mathematik nicht viel übrighaben oder Ihr Ergebnis überprüfen möchten, finden sich heute auch im Internet verschiedene Umrechnungstabellen und Rechner.

Zunächst subtrahiert man 1977 vom Geburtsjahr nach dem Sonnenkalender. Liegt dieses vor 1977, subtrahiert man 1901. Q und R sind immer natürliche Zahlen, daher lassen sie sich aus dieser Gleichung bestimmen:

Geburtsjahr – 1977 = 4Q + R

Sind Q und R bestimmt, gilt es, das genaue Datum zu bestimmen. Dafür ist folgende Formel anzuwenden:

14Q + 10,6 × (R + 1) + (der Tag der Geburt im Jahr) = 29,5n

Wie Q und R ist auch n eine natürliche Zahl. Der Tag der Geburt im Jahr meint die Nummer des Tages im gesamten Jahresverlauf, also beim 7. Januar die 7, beim 13. Februar aber die 44 (31 Januartage + 13 Februartage), beim 7. Mai wie im folgenden Beispiel 127.

Ein Beispiel: Wie lautet das Datum des 7. Mai 1994 (Sonnenkalender) im Mondkalender?

1994 − 1977 = 17 = 4 × 4 + 1

Also: Q = 4, R = 1

Das Datum des Mondkalenders lautet also wie folgt:

14 × 4 + 10,6 (1 + 1) + (31 + 28 + 31 + 30 + 7) = 29,5n

204,2 = 29,5n

Teilt man 204,2 dann durch 29,5, ist der ganzzahlige Quotient gleich 6. 6 ist der Wert von n. Die Restmenge beträgt 27,2. 27 ist der 27. Tag des Mondkalenders. Da wir wissen, dass der Mondkalender ungefähr um einen Monat nach hinten versetzt ist, muss es sich also um den 27. Tag des dritten Mondmonats handeln. Denn der Abstand zwischen dem 7. Mai und dem 27. Tag des vierten Mondmonats wäre zu gering.

Die Restmenge wird gerundet: Erhalten Sie also das Ergebnis 7,9, so steht das für den 8. Tag, erhalten Sie 5,4, so steht dies für den 5. Tag.

Rechnet man alle potenziellen Geburtstage eines Monats (Sonnenkalender) zusammen, kommen wir auf jeweils 31 Tage im Januar, März, Mai, Juli, August, Oktober und Dezember sowie auf jeweils 30 Tage im April, Juni, September und November. Im Februar sind es 28 Tage (im Schaltjahr 29). Wie geht man also mit dem Februar um? Einigt man sich auf 28 oder auf 29 Tage?

Nun, wenn die Jahreszahl durch 4 teilbar ist, hat der Februar 29 Tage. Ist die Jahreszahl hingegen nicht durch 4 teilbar, hat der Februar nur 28 Tage.

Beispiel: Februar 2000. 2000 ÷ 4 = 500. Im Jahr 2000 hatte der Februar also 29 Tage; im Februar 2001 waren es 28 Tage (2001 ÷ 4 = 500 + 1)

Im Alten China wurde ein Tag in zwölf Zeiteinheiten aufgeteilt. Jede dieser Perioden zählte zwei Stunden. Im Folgenden werden diese Einheiten immer durch die Angabe der entsprechenden zwei Stunden der heutigen Zeitrechnung angegeben.

Welche Tierkreiszeichen harmonieren?

Welche Beziehungskonstellation der zwölf Tierkreiszeichen förderlich und welche zerstörerisch sind, wird anhand verschiedener Merkmale deutlich. Zum einen stellt sich die Frage, wie dominant oder unterwürfig eine Person ist. Zum anderen spielt auch ihr Geschäftssinn und ihre Vorstellung von Arbeit und Ehe eine Rolle. Ein Beispiel: Die Ratte, die nach beruflichem Erfolg strebt und stets Ausschau nach einem besseren Job hält, würde laut Chinesischem Horoskop am besten mit dem Drachen, Affen oder Büffel zusammenpassen – denn auch diese Tiere streben nach beruflichem Erfolg.

Im Vergleich zur westlichen Astrologie spielt auch die Ehe bei den chinesischen Tierkreiszeichen eine wesentliche Rolle. Ein Mann mit dem Zeichen der Ratte würde zum Beispiel prima zu einer Frau mit dem Zeichen des Drachen, des Affen oder des Büffels passen, da bei diesen

Konstellationen eine sehr innige Harmonie besteht. Zudem sind hier die Chancen auf Wohlstand, Erfolg und lebenslanges Glück deutlich erhöht.

Tatsächlich ist es schon seit einigen Jahrtausenden üblich, dass im einfachen Volk Chinas auf Grundlage der Tierkreiszeichen geheiratet wird. Früher war es sogar Pflicht, dem Wahrsager vor der Eheschließung Auskunft über den Geburtszeitpunkt samt Stunde, Tag, Monat und Jahr zu geben, damit dieser herausfinden

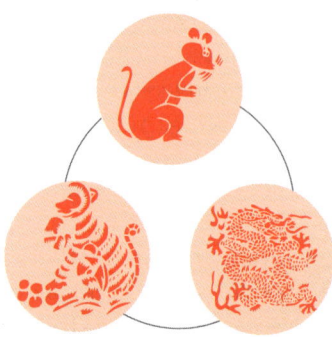

Drei-Harmonien-Gruppe
mit Affe, Ratte und Drache

Drei-Harmonien-Gruppe
mit Schlange, Hahn und Büffel

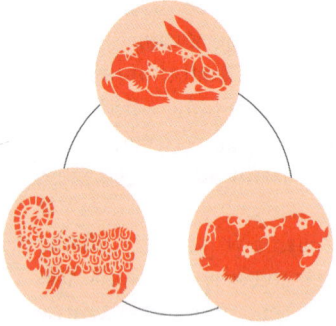

Drei-Harmonien-Gruppe mit Hase, Schaf und Schwein

Drei-Harmonien-Gruppe
mit Tiger, Pferd und Hund

Sechs Harmonien

konnte, ob die Partner füreinander infrage kamen. Dies war damals unglaublich wichtig. Die potenziellen Lebensgefährten passten nämlich nur dann zusammen, wenn sich die Eigenschaften der Tierkreiszeichen gegenseitig ergänzten.

Um zu ermitteln, inwieweit welche Tierkreiszeichen miteinander kompatibel sind, bezieht man sich hauptsächlich auf das Konzept der Drei Harmonien sowie das der Sechs Harmonien. Diese liegen wiederum in den Fünf Elementen begründet (Holz, Feuer, Erde, Metall und Wasser). Die Sechs Harmonien beschreiben die Beziehung zwischen Ehemann und Ehefrau, während sich die Drei Harmonien zum Beispiel auf die Zuneigung beziehen, die eine Mutter ihrer Tochter entgegenbringt. Das Drei-Harmonien-Konzept steht für perfekte Kompatibilität. Jeweils drei Tierzeichen passen perfekt zueinander. Insgesamt gibt es vier dieser Gruppen; nämlich die des Affen, der Ratte und des Drachen; die der Schlange, des Hahns und des Büffels; die des Hasen, des Schafs und des Schweins; und schließlich die des Tigers, des Pferdes und des Hundes. Das Drei-Harmonien-Konzept wurde über mehrere Jahre immer wieder überarbeitet und perfektioniert. Kein Wunder also, dass die Gruppen jeweils bestens miteinander auskommen und ihre Vorstellungen, Werte, Gewohnheiten und Eigenschaften zu einem hohen Grad übereinstimmen.

Beim Sechs-Harmonien-Konzept geht es um – wenn auch versteckte – Nächstenliebe. Die Person eines bestimmten Tierzeichens hilft der Person eines anderen Tierzeichens – ganz ohne deren Wissen. Anders als der Name annehmen lässt, handelt es sich hier aber nicht um die Kombination aus sechs Tierkreiszeichen, sondern um Paare aus jeweils zwei Zeichen. Insgesamt gibt es sechs dieser »Wohltäter«-Gruppen; nämlich die Ratte und den Büffel; den Tiger und das Schwein; den Hasen und den Hund; den Drachen und den Hahn; die Schlange und den Affen; und schließlich das Pferd und das Schaf.

Die Ratte

— Mit dem Drachen: Der Drache ist voller Lebenskraft und bringt viel Freude in das Leben der Ratte. Diese wiederum überhäuft den Drachen mit Lob, was seinem Ego sehr schmeichelt.
— Mit dem Affen: Der Affe ist klug, das gefällt der Ratte. Solange er ihr gegenüber aufrichtig ist, kommen die beiden gut miteinander aus.

— Mit dem Büffel: Der sanftmütige Büffel kann das Beste aus der Ratte herausholen und spendet ihr Trost.

Der Büffel

— Mit der Ratte: Die stürmische Ratte kann eine Menge Schwung in das Leben des eher ruhigen Büffels bringen. Gleichzeitig verhält sie sich ihm gegenüber sehr loyal, weshalb die beiden gut miteinander auskommen.

— Mit der Schlange: Vorausgesetzt, die Schlange bleibt dem Büffel treu, kann sie seine Karriere mit ihren Fähigkeiten vorantreiben.

— Mit dem Hahn: Der dominante Büffel kann den zurückhaltenden Hahn unter seine Kontrolle bringen. Die beiden ergänzen sich perfekt.

Der Tiger

— Mit dem Schwein: Tiger und Schwein fühlen sich zueinander hingezogen und werden sich gegenseitig viel Freude bereiten und ein glückliches Leben zusammen führen.

— Mit dem Pferd: Dem Pferd fällt es leicht, die Aufmerksamkeit des Tigers zu erregen. Die beiden können sehr glücklich miteinander werden, da sie sich gegenseitig respektieren und unterstützen.

— Mit dem Hund: Nur in Gegenwart des Hundes lässt sich der sonst so stolze Tiger erweichen. Auch ermutigt er den Hund, seine Ziele zu verfolgen. Die beiden passen aufeinander auf und halten zusammen, in guten wie in schlechten Zeiten.

Der Hase

— Mit dem Schaf: Das Schaf ist recht unselbstständig, weshalb es gut zum Hasen passt, der gerne für seine Liebsten sorgt. Die beiden kommen gut miteinander aus.

— Mit dem Hund: Beide möchten in Frieden leben und hart arbeiten, um sich eine gemeinsame Zukunft aufzubauen.

— Mit dem Schwein: Hase und Schwein haben ähnliche Charakterzüge. Beide schätzen die Ruhe. Die Anziehungskraft auf den jeweils anderen ist sehr stark und sie gehen liebevoll miteinander um.

Der Drache

— Mit der Ratte: Der zügellose Drache ist von den Komplimenten der Ratte gerührt. Auch genießt er ihre bodenständige Art und ihren Humor.

— Mit dem Affen: Beide haben eine kreative Ader. Der Affe muss jedoch aufpassen, keine falschen Spielchen mit dem Drachen zu treiben.

— Mit dem Hahn: Der Hahn verehrt den Drachen. So sehr, dass er ihm bei jeder Niederlage den Rücken stärken würde.

Die Schlange

— Mit dem Büffel: Die Schlange fühlt sich von der Entschlossenheit in den Augen des Büffels magisch angezogen. Allerdings wird es von Zeit zu Zeit Auseinandersetzungen geben.

— Mit dem Affen: Die beiden passen hervorragend zusammen. Personen mit dem Tierkreiszeichen Schlange sollten daher am besten jemanden mit dem Tierzeichen Affe heiraten.

— Mit dem Hahn: Hin und wieder gibt es Streit, doch je häufiger die beiden diskutieren, desto besser kommen sie miteinander aus und desto vertrauter wird es zwischen ihnen. Für Schlange und Hahn ist Streiten einfach eine Art, miteinander zu kommunizieren.

Das Pferd

— Mit dem Tiger: Der edle und großzügige Tiger lässt sich vom Pferd gerne mal bedienen, schenkt ihm dafür aber auch seine aufrichtige Zuneigung.

— Mit dem Schaf: Schnell verfällt das Pferd der Zärtlichkeit des Schafs und ist glücklich über die emotionale Verbundenheit.

— Mit dem Hund: Der kluge Hund hilft dem Pferd, in seiner Karriere weiterzukommen. Das Pferd weiß diese Unterstützung sehr zu schätzen und lässt sich gerne motivieren.

Das Schaf

— Mit dem Hasen: Das Schaf, dem es an Selbstständigkeit fehlt, kann sich voll und ganz auf den Hasen verlassen. Dieser ist finanziell sehr gut aufgestellt.

— Mit dem Pferd: Das Pferd ist dem Schaf gegenüber sehr hilfsbereit. Die künstlerischen Fähigkeiten des Schafs imponieren dem edlen Naturell des Pferdes.

— Mit dem Schwein: Beide sind sanftmütig und fühlen sich zueinander hingezogen. Das Schwein würde dem Schaf ohne zu zögern den Rücken stärken, wenn dieses eine Niederlage erleidet.

Der Affe

— Mit der Ratte: Die Ratte weiß genau, wie sie dem Affen eine Freude bereiten kann. Ihr gemeinsames Leben ist voller Glück.

— Mit dem Drachen: Der tatkräftige Drache schafft es immer wieder, den Affen zu faszinieren und macht diesen damit sehr glücklich. Wenn es um Liebesbeziehungen geht, ist der Drache die Nummer eins für den Affen, denn nur der Affe weiß, wie er das Herz des Drachen erobern kann.

— Mit der Schlange: Die Schlange weiß den Affen mit ihrer Weisheit und Ruhe zu beeindrucken. Am Affen wiederum schätzt sie die Lebensfreude und Kreativität. Haben sie sich einmal gefunden, kann sie nichts mehr trennen.

Der Hahn

— Mit dem Büffel: Der treue Büffel kommt gut mit dem gesprächigen Hahn zurecht. Die beiden können eine stabile Beziehung führen, die von einer starken Zuneigung geprägt ist.
— Mit dem Drachen: Dem stürmischen Hahn macht es nichts aus, im Schatten des Drachen zu stehen. Vielmehr ist er stolz auf dessen Erfolg.
— Mit der Schlange: Was Kommunikation angeht, so sind Hahn und Schlange ein unschlagbares Team, da sich die beiden gegenseitig inspirieren und motivieren. Sie passen perfekt zusammen.

Der Hund

— Mit dem Tiger: Wenn sich der Hund mal wieder zu viele Sorgen macht, erfährt er große Unterstützung vom Tiger. Dieser wiederum weiß die Loyalität des Hundes zu schätzen.
— Mit dem Hasen: Der vorsichtige Hase unterstützt den Hund, während der Hund die Freundlichkeit des Hasen schätzt.
— Mit dem Pferd: Die beiden wissen immer genau, was der andere braucht und respektieren sich gegenseitig.

Das Schwein

— Mit dem Tiger: Schwein und Tiger fühlen sich zueinander hingezogen und wissen genau, wie sie den anderen glücklich machen. Sie passen perfekt zusammen.

- Mit dem Hasen: Das weise, extrovertierte Schwein imponiert dem vorsichtigen Hasen sehr.
- Mit dem Schaf: Schwein und Schaf werden eine beispiellose Ehe führen. Beim Schaf fühlt sich das Schwein sicher.

Die Fünf Elemente

Nach den Vorstellungen der traditionellen chinesischen Kultur besteht die Welt aus Fünf Elementen, nämlich aus Holz, Feuer, Erde, Metall und Wasser. Diese können miteinander harmonieren oder sich gegenseitig schaden. Holz erzeugt Feuer, Feuer erzeugt Erde, Erde erzeugt Metall, Metall erzeugt Wasser und Wasser erzeugt wiederum Holz. Dieser harmonische Kreislauf ist jeweils für beide Elemente vorteilhaft. Gleichzeitig gibt es unter den Elementen aber auch zerstörerische Beziehungen. Holz dominiert zum Beispiel Erde, Erde dominiert Wasser, Wasser dominiert Feuer, Feuer dominiert Metall und Metall dominiert Holz. Dieser zerstörerische Kreislauf schadet jeweils beiden Elementen.

Die harmonische Beziehung der Fünf Elemente könnte man mit einer Mutter vergleichen, die ihren Sohn zur Welt bringt, ihn unterstützt, ihm Halt bietet und Glück bringt. Die zerstörerische Beziehung der Fünf Elemente kann hingegen mit gegenseitiger Feindlichkeit, mit einem Krieg verglichen werden.

Die harmonische Beziehung der Fünf Elemente wird wie folgt beschrieben. Holz erzeugt Feuer: Da Holz als Brennstoff verwendet wird, erlischt das Feuer automatisch, sobald das Holz verbrannt ist. Feuer erzeugt Erde: Gegenstände, die durch das Feuer verbrannt wurden, verwandeln sich in Asche und somit in Erde. Erde erzeugt Metall: Metall befindet sich in der Erde und in Steinen und kann nur gewonnen werden, indem man es schmilzt.

Metall erzeugt Wasser: Nachdem das Metall geschmolzen wurde, wird es flüssig – also zu Wasser. Wasser muss aufgefangen werden – in einem Metallbehälter. Wasser erzeugt Holz: Wasser ist nötig, damit Bäume wachsen. Die zerstörerische Beziehung der Fünf Elemente wird wie folgt beschrieben. Holz dominiert Erde: Ohne Bäume und Pflanzen speichert die Erde weniger Wasser und es kommt zu Bodenerosion. Feuer dominiert Metall: Starke Flammen können Metall zum Schmelzen bringen. Erde dominiert Wasser: Erde kann Wasser aufsaugen. Metall dominiert Holz: Äxte können Bäume fällen. Wasser dominiert Feuer: Wasser kann Feuer löschen.

Was die zwölf Tierkreiszeichen betrifft, so gehört Holz zum Tiger und zum Hasen; Feuer gehört zum Pferd und zur Schlange; Wasser gehört zur Ratte und zum Schwein; Metall gehört zum Affen und zum Hahn; Erde gehört zum Büffel, zum Drachen, zum Schaf und zum Hund.

Betrachtet man die zwölf Tierkreiszeichen einmal eingehender, so wird deutlich, wie und warum sich diese in der chinesischen Kultur etabliert haben. Mit der Zeit teilte man die Tierzeichen in Yin und Yang ein, die den Fünf Elementen sehr ähneln, denn auch im Yin und Yang haben wir es mit harmonischen und zerstörerischen Beziehungen zu tun, wenn wir die Tierkreiszeichen betrachten, wie folgende Darstellung zeigt:

Zwölf Tierkreiszeichen	Jahre der zwölf Tierkreiszeichen	Die zwölf Symbole der Erdzweige	Yin und Yang und die Fünf Elemente
Ratte	Das Jahr der Ratte	Das Jahr *Zi*	Yang Wasser
Büffel	Das Jahr des Büffels	Das Jahr *Chou*	Yin Erde
Tiger	Das Jahr des Tigers	Das Jahr *Yin*	Yang Holz
Hase	Das Jahr des Hasen	Das Jahr *Mao*	Yin Holz
Drache	Das Jahr des Drachen	Das Jahr *Chen*	Yang Erde

Schlange	Das Jahr der Schlange	Das Jahr *Si*	Yin Feuer
Pferd	Das Jahr des Pferdes	Das Jahr *Wu*	Yang Feuer
Schaf	Das Jahr des Schafs	Das Jahr *Wei*	Yin Erde
Affe	Das Jahr des Affen	Das Jahr *Shen*	Yang Metall
Hahn	Das Jahr des Hahns	Das Jahr *You*	Yin Metall
Hund	Das Jahr des Hundes	Das Jahr *Xu*	Yang Erde
Schwein	Das Jahr des Schweins	Das Jahr *Hai*	Yin Wasser

Die Farben

Die zwölf Tierkreiszeichen sind jeweils mit Glücks- und Unglücksfarben verknüpft. Machen wir in unserem Alltag und Berufsleben von diesem Wissen Gebrauch, können wir viele Vorteile daraus ziehen und Unheil vermeiden. Ein Beispiel: Laut der Fünf Elemente fühlen sich Menschen mit dem Tierzeichen Ratte sehr zum Wasser hingezogen. Ihre persönlichen Glücksfarben sind demnach Schwarz und Blau, aber auch Weiß, Apricot, Rot und Violett. Gelb, Orange, Türkis und Grün sind hingegen die Unglücksfarben der Ratte.

Zi (Ratte) – Wasser

Wasser = Wasser: Schwarz und Blau (Wasser √).
Metall erzeugt Wasser: Weiß und Apricot (Metall √).
Wasser zerstört Feuer: Rot und Violett (Feuer √).
Erde zerstört Wasser: Gelb und Orange (Erde ×).
Wasser erzeugt Holz: Türkis und Grün (Holz ×).

Chou (Büffel) – Erde

Erde = Erde: Gelb und Orange (Erde √).
Feuer erzeugt Erde: Rot und Violett (Feuer √).
Erde zerstört Wasser: Schwarz und Blau (Wasser √).
Holz zerstört Erde: Türkis und Grün (Holz ×).
Erde erzeugt Metall: Weiß und Apricot (Metall ×).

Yin (Tiger) – Holz

Holz = Holz: Türkis und Grün (Holz √).
Wasser erzeugt Holz: Schwarz und Blau (Wasser √).
Holz zerstört Erde: Gelb und Orange (Erde √).
Metall zerstört Holz: Weiß und Apricot (Metall ×).
Holz erzeugt Feuer: Rot und Violett (Feuer ×).

Mao (Hase) – Holz

Holz = Holz: Türkis und Grün (Holz √).
Wasser erzeugt Holz: Schwarz und Blau (Wasser √).
Holz zerstört Erde: Gelb und Orange (Erde √).
Metall zerstört Holz: Weiß und Apricot (Metall ×).
Holz erzeugt Feuer: Rot und Violett (Feuer ×).

Chen (Drache) – Erde

Erde = Erde: Gelb und Orange (Erde √).
Feuer erzeugt Erde: Rot und Violett (Feuer √).
Erde zerstört Wasser: Schwarz und Blau (Wasser √).
Holz zerstört Erde: Türkis und Grün (Holz ×).
Erde erzeugt Metall: Weiß und Apricot (Metall ×).

Si (Schlange) – Feuer

Feuer = Feuer: Rot und Violett (Feuer √).
Holz erzeugt Feuer: Türkis und Grün (Holz √).
Feuer zerstört Metall: Weiß und Apricot (Metall √).
Wasser zerstört Feuer: Schwarz und Blau (Wasser ×).
Feuer erzeugt Erde: Gelb und Orange (Erde ×).

Wu (Pferd) – Feuer

Feuer = Feuer: Rot und Violett (Feuer √).
Holz erzeugt Feuer: Türkis und Grün (Holz √).
Feuer zerstört Metall: Weiß und Apricot (Metall √).
Wasser zerstört Feuer: Schwarz und Blau (Wasser ×).
Feuer erzeugt Erde: Gelb und Orange (Erde ×).

Wei (Schaf) – Erde

Erde = Erde: Gelb und Orange (Erde √).
Feuer erzeugt Erde: Rot und Violett (Feuer √).
Erde zerstört Wasser: Schwarz und Blau (Wasser √).
Holz zerstört Erde: Türkis und Grün (Holz ×).
Erde erzeugt Metall: Weiß und Apricot (Metall ×).

Shen (Affe) – Metall

Metall = Metall: Weiß und Apricot (Metall √).
Erde erzeugt Metall: Gelb und Orange (Erde √).
Metall zerstört Holz: Türkis und Grün (Holz √).
Feuer zerstört Metall: Rot und Violett (Feuer ×).
Metall erzeugt Wasser: Schwarz und Blau (Wasser ×).

You (Hahn) – Metall

Metall = Metall: Weiß und Apricot (Metall √).
Erde erzeugt Metall: Gelb und Orange (Erde √).
Metall zerstört Holz: Türkis und Grün (Holz √).
Feuer zerstört Metall: Rot und Violett (Feuer ×).
Metall erzeugt Wasser: Schwarz und Blau (Wasser ×).

Xu (Hund) – Erde

Erde = Erde: Gelb und Orange (Erde √).
Feuer erzeugt Erde: Rot und Violett (Feuer √).
Erde zerstört Wasser: Schwarz und Blau (Wasser √).
Holz zerstört Erde: Türkis und Grün (Holz ×).
Erde erzeugt Metall: Weiß und Apricot (Metall ×).

Hai (Schwein) – Wasser

Wasser = Wasser: Schwarz und Blau (Wasser √).
Metall erzeugt Wasser: Weiß und Apricot (Metall √).
Wasser zerstört Feuer: Rot und Violett (Feuer √).
Erde zerstört Wasser: Gelb und Orange (Erde ×).
Wasser erzeugt Holz: Türkis und Grün (Holz ×).

Die Zahlen

Die zwölf Tierkreiszeichen haben nicht nur ihre persönlichen Farben und Himmelsrichtungen, sondern auch ihre Glücks- und Unglückszahlen. Die Glückszahlen der Ratte sind zum Beispiel 1 und 6. Auch die Zahlen 4 und 9 bringen ihr Glück, wohingegen die Zahlen 5, 0, 3 und 8 Pech verheißen.

Zi (Ratte) – Wasser

Wasser = Wasser: 1 und 6 (√).
Metall erzeugt Wasser: 4 und 9 (√).
Wasser zerstört Feuer: 2 und 7 (×).
Erde zerstört Wasser: 5 und 0 (×).
Wasser erzeugt Holz: 3 und 8 (×).

Chou (Büffel) – Erde

Erde = Erde: 5 und 0 (√).
Feuer erzeugt Erde: 2 und 7 (√).
Erde zerstört Wasser: 1 und 6 (×).
Holz zerstört Erde: 3 und 8 (×).
Erde erzeugt Metall: 4 und 9 (×).

Yin (Tiger) – Holz

Holz = Holz: 3 und 8 (√).
Wasser erzeugt Holz: 1 und 6 (√).
Holz zerstört Erde: 5 und 0 (×).
Metall zerstört Holz: 4 und 9 (×).
Holz erzeugt Feuer: 2 und 7 (×).

Mao (Hase) – Holz

Holz = Holz: 3 und 8 (√).
Wasser erzeugt Holz: 1 und 6 (√).
Holz zerstört Erde: 5 und 0 (×).
Metall zerstört Holz: 4 und 9 (×).
Holz erzeugt Feuer: 2 und 7 (×).

Chen (Drache) – Erde

Erde = Erde: 5 und 0 (√).
Feuer erzeugt Erde: 2 und 7 (√).
Erde zerstört Wasser 1 und 6 (×).
Holz zerstört Erde: 3 und 8 (×).
Erde erzeugt Metall: 4 und 9 (×).

Si (Schlange) – Feuer

Feuer = Feuer: 2 und 7 (√).
Holz erzeugt Feuer: 3 und 8 (√).
Feuer zerstört Metall: 4 und 9 (×).
Wasser zerstört Feuer: 1 und 6 (×).
Feuer erzeugt Erde: 5 und 0 (×).

Wu (Pferd) – Feuer

Feuer = Feuer: 2 und 7 (√).
Holz erzeugt Feuer: 3 und 8 (√).
Feuer zerstört Metall: 4 und 9 (×).
Wasser zerstört Feuer: 1 und 6 (×).
Feuer erzeugt Erde: 5 und 0 (×).

Wei (Schaf) – Erde

Erde = Erde: 5 und 0 (√).
Feuer erzeugt Erde: 2 und 7 (√).
Erde zerstört Wasser: 1 und 6 (×).
Holz zerstört Erde: 3 und 8 (×).
Erde erzeugt Metall: 4 und 9 (×).

Shen (Affe) – Metall

Metall = Metall: 4 und 9 (√).
Erde erzeugt Metall: 5 und 0 (√).
Metall zerstört Holz: 3 und 8 (×).
Feuer zerstört Metall: 2 und 7 (×).
Metall erzeugt Wasser: 1 und 6 (×).

You (Hahn) – Metall

Metall = Metall: 4 und 9 (√).
Erde erzeugt Metall: 5 und 0 (√).
Metall zerstört Holz: 3 und 8 (×).
Feuer zerstört Metall: 2 und 7 (×).
Metall erzeugt Wasser: 1 und 6 (×).

Xu (Hund) – Erde

Erde = Erde: 5 und 0 (√).
Feuer erzeugt Erde: 2 und 7 (√).
Erde zerstört Wasser: 1 und 6 (×).
Holz zerstört Erde: 3 und 8 (×).
Erde erzeugt Metall: 4 und 9 (×).

Hai (Schwein) – Wasser

Wasser = Wasser: 1 und 6 (√).
Metall erzeugt Wasser: 4 und 9 (√).
Wasser zerstört Feuer: 2 und 7 (×).
Erde zerstört Wasser: 5 und 0 (×).
Wasser erzeugt Holz: 3 und 8 (×).

Die Himmelsrichtungen

Neben Farben sind den zwölf Tierkreiszeichen auch noch bestimmte Himmelsrichtungen zugeordnet.

Zwölf Tier-kreiszeichen	Zugeordnete Himmelsrichtung	Passende Himmelsrichtungen
Ratte	Nord	Nord und West
Büffel	Nord-Ost	Nord-Ost und Süd
Tiger	Ost	Nord und Ost
Hase	Ost	Nord und Ost
Drache	Süd-Ost	Süd und Süd-Ost
Schlange	Süd-Ost	Süd und Ost
Pferd	Süd	Süd und Ost
Schaf	Süd-West	Süd und Süd-West
Affe	Süd-West	Süd-West und West
Hahn	West	West und Nord-West
Hund	Nord-West	Nord-West und Süd
Schwein	Nord-West	Nord und West

Kapitel 1
Die Ratte

Die Ratte, das erste der zwölf Tierkreiszeichen, steht für Weisheit. Sie ist den anderen Tieren durch ihre besondere Klugheit immer einen Schritt voraus. Raffinesse und Intuition sind ihre großen Stärken. Nicht ohne Grund schafft es die Maus in *Tom und Jerry* immer wieder, die Katze an der Nase herumzuführen und ihr zu entkommen. Außerdem ist die Ratte sehr anpassungsfähig und kann gut mit den Höhen und Tiefen im Leben umgehen.

Mondjahre der Ratte im Sonnenkalender

5. Februar 1912 bis 3. Februar 1913

5. Februar 1924 bis 3. Februar 1925

5. Februar 1936 bis 3. Februar 1937

5. Februar 1948 bis 3. Februar 1949

5. Februar 1960 bis 3. Februar 1961

5. Februar 1972 bis 3. Februar 1973

4. Februar 1984 bis 3. Februar 1985

4. Februar 1996 bis 3. Februar 1997

4. Februar 2008 bis 2. Februar 2009

4. Februar 2020 bis 2. Februar 2021

4. Februar 2032 bis 2. Februar 2033

4. Februar 2044 bis 2. Februar 2045

Lebensweg

Menschen, die im Jahr der Ratte geboren wurden, können sich gut an ihre Umgebung anpassen. In ihrem sozialen Umfeld sind sie sehr beliebt, da sie als unkompliziert und optimistisch gelten. Ihre gelassene Art führt dazu, dass andere ihr in der Not immer gerne aushelfen. Aufgrund ihres Scharfsinns erkennt die Ratte schnell, wenn sich ihr eine Chance bietet, und zögert auch nicht, diese zu nutzen – mit Erfolg. Ratten wissen genau, was sie wollen und sind bereit, alles zu geben, um ihre Ziele zu erreichen. Da sie geborene Optimisten sind, verspüren sie viel Freude in ihrem Leben. Manchmal kostet es die Ratte einige Mühe, mit ihren Mitmenschen auszukommen. Gelingt es ihr, wird sie erfolgreich durchs Leben kommen.

Persönlichkeit

Ratten sind clever, intelligent, schlagfertig, witzig, wachsam und gelten allgemein als angenehme Zeitgenossen. Sie arbeiten hart und gewissenhaft, sind einfallsreich und treten selbstbewusst auf. Sie haben einen starken Willen und sind sehr belastbar und anpassungsfähig. Trotz ihrer oftmals kleinen Körpergröße ist die Ratte unbezwingbar. Sie arbeitet im Stillen und gibt nie auf, wenn es um ihre Karriere, Familie oder ihre persönlichen Ziele geht. Menschen, die im Jahr der Ratte geboren wurden, sind freundlich, offen, fröhlich und kontaktfreudig. Außerdem wissen sie die Beziehung zu ihrer Familie und ihren Freunden sehr zu schätzen und fühlen sich ihnen emotional verbunden. Ratten feiern gerne und mögen Partys – dabei treten sie nicht nur als Gast, sondern auch als Gastgeber in Erscheinung. Oft heizen sie die Stimmung an und bringen andere mit ihrem Sinn für Humor zum

Lachen. Trotzdem müssen sie manchmal ihre Sturheit überwinden. Bei der Aussicht auf finanziellen Erfolg dürfen sie ihre Fassung nicht verlieren.

Beruf und Karriere

Dank ihrer guten Intuition und schnellen Auffassungsgabe sollte die Ratte einen Beruf wählen, in dem nicht nur eine sorgfältige Arbeitsweise, sondern auch ein hoher Grad an Aufmerksamkeit gefragt ist. Gleichzeitig sind Ratten sehr aktiv und unabhängig. Zu viele Vorgaben engen sie ein. Im politischen Bereich ist die Ratte übrigens nicht gut aufgehoben.

Liebe und Ehe

Liebe hat für Menschen, die im Jahr der Ratte geboren wurden, meist einen sehr hohen Stellenwert. Nahestehenden Menschen gegenüber verhalten sie sich sehr liebevoll und nachsichtig. Wenn es doch mal zum Streit kommt, gibt die Ratte meist als erstes nach. Aus diesem Grund kommt sie auch gut beim anderen Geschlecht an. Das Prinzip der Ratte, wenn es um Liebe geht, lautet: »Wer gibt, ist glücklicher als der, der nimmt.« Deshalb ist sie auch nicht frustriert, wenn eine Beziehung mal in die Brüche geht. Idealerweise tut sich die Ratte mit dem Drachen, dem Affen oder dem Büffel zusammen. Aus diesen Konstellationen können innige Beziehungen hervorgehen, die Wohlstand und Glück verheißen. Partnerschaften mit Pferd, Schaf, Hase oder Hahn könnten allerdings im Konflikt enden. Bemüht man sich aber, auf den anderen einzugehen, kann die Beziehung auch hier bis ans Lebensende von Glück gesegnet sein.

Die Ratte, die der Katze
ihre schönste Tochter versprach

Der Jadekaiser beauftragte die Katze damit, dem Büffel und dem Tiger mitzuteilen, dass die beiden in den Himmel kommen würden. Die Ratte hatte das Gespräch zwischen Kaiser und Katze belauscht, und kam dieser zuvor, woraufhin der verwirrte Jadekaiser die Ratte zur Anführerin der zwölf Tierkreiszeichen ernannte. Die Katze hingegen wurde ganz und gar aus dem Zirkel der Sternzeichen verbannt. Dies war der Anfang einer tiefen Feindseligkeit zwischen den beiden Tieren.

Zur Versöhnung heuerte die Ratte ein Wiesel als Heiratsvermittler an, denn sie wollte ihre schönste Tochter an die Katze verheiraten. Diese willigte zunächst zufrieden ein. Die Ratte wählte also einen verheißungsvollen Tag und stahl einen Tigerkopfschuh, auf dem die Tochter wie auf einer Sänfte zur Katze getragen wurde. Aus Rache fraß diese das Rattenkind aber einfach auf.

Ehe: Welches Tierkreiszeichen passt zum Rattenmann?

Der Rattenmann mit der Rattenfrau: Die beiden werden eine sehr liebevolle Ehe führen.

Der Rattenmann mit der Büffelfrau: Das perfekte Match. Solange die Büffelfrau treu ist, wird sie sich immer auf die Zuneigung und Fürsorge des Rattenmannes verlassen können.

Der Rattenmann mit der Tigerfrau: Wenn die Tigerfrau ihre hohen Erwartungen ein wenig zurückschraubt, können sie und der Rattenmann eine glückliche Ehe führen.

Der Rattenmann mit der Hasenfrau: Ihre Auffassung von Liebe und Romantik könnte unterschiedlicher nicht sein. Dem Rattenmann wird es missfallen, wenn die Hasenfrau – ob absichtlich oder nicht – gegen seinen Willen handelt.

Der Rattenmann mit der Drachenfrau: Perfekter geht es kaum. Der Rattenmann kennt seine Ehefrau in- und auswendig und respektiert ihre Ansichten, was das Ego der Drachenfrau zufriedenstellt.

Der Rattenmann mit der Schlangenfrau: Die besondere Zärtlichkeit und Fürsorge des Rattenmanns wird der Schlangenfrau eine glückliche Ehe bescheren.

Der Rattenmann mit der Pferdefrau: Beide sind recht impulsiv, weshalb sie nicht besonders gut miteinander auskommen werden.

Der Rattenmann mit der Schaffrau: Das Schaf hat es vor allem auf das Geld des Rattenmannes abgesehen und wird versuchen, die Kontrolle über sein Leben zu erlangen.

Der Rattenmann mit der Affenfrau: Ratte und Affe können ein tolles Paar abgeben. Die Affenfrau wird den Rattenmann womöglich hintergehen und es kann zu einigen Missverständnisses kommen, auf die er verletzt reagieren wird. Nach kurzer Zeit wird er ihr aber wieder vergeben.

Der Rattenmann mit der Hahnenfrau: Diese Konstellation kann ganz gut funktionieren. Die bodenständige Hahnenfrau wird versuchen zu verhindern, dass der Rattenmann abhebt.

Der Rattenmann mit der Hundefrau: Ihr gefällt vor allem, dass der Rattenmann gerne an der frischen Luft unterwegs ist. Ausgedehnte Spaziergänge mochte die Hundefrau schon immer.

Der Rattenmann mit der Schweinefrau: Hier kann eine glückliche Ehe entstehen. Die Schweinefrau ist wohlhabend und teilt ihren Reichtum gerne mit dem Rattenmann.

Ehe: Welches Tierkreiszeichen passt zur Rattenfrau?

Die Rattenfrau mit dem Rattenmann: Diese beiden begehren und bewundern einander.

Die Rattenfrau mit dem Büffelmann: Die beiden werden eine friedliche und glückliche Zeit zusammen haben.

Die Rattenfrau mit dem Tigermann: Solange die Ratte den Hang zum Risiko des Tigers tolerieren kann, wird ihre Liebe halten.

Die Rattenfrau mit dem Hasenmann: Durch seine gesellige Art wird der Hasenmann der Ratte oft nicht genug Beachtung schenken.

Die Rattenfrau mit dem Drachenmann: Ein echter Glückstreffer. Die Ratte wird ihre eigenen Bedürfnisse zurückstellen, um den Drachenmann in seiner beruflichen Laufbahn zu unterstützen.

Die Rattenfrau mit dem Schlangenmann: Die verliebte Ratte ist von ihrer Zuneigung für die Schlange oft überwältigt und glaubt ihr bereitwillig alles, was sie sagt. Doch auch der Schlange fällt es schwer, die Dinge rational zu betrachten.

Die Rattenfrau mit dem Pferdemann: Die beiden passen weniger gut zusammen, da sie ständig aneinander geraten.

Die Rattenfrau mit dem Schafmann: Nicht gerade die perfekte Ehe.

Die Rattenfrau mit dem Affenmann: Passt perfekt. Die beiden wird eine romantische Liebe und Ehe verbinden.

Die Rattenfrau mit dem Hahnenmann: Ihre gemeinsame Zeit wird nicht gerade glücklich verlaufen. Ihr Familienleben wird von ständigen Streitereien geprägt sein, sodass der Haussegen stets schief hängt.

Die Rattenfrau mit dem Hundemann: Passt perfekt. Der Hund verhält sich der Ratte gegenüber sehr zärtlich.

Die Rattenfrau mit dem Schweinemann: Diese Ehe wird eine sehr glückliche sein. Trotzdem sollte die Ratte sich manchmal ein wenig zurückhalten, da sie sonst das Schwein abschrecken könnte.

Reichtum und Wohlstand

Personen, die im Jahr der Ratte geboren wurden, lieben es zu sparen und Dinge zu sammeln. Oft werden sie von der Angst geleitet, nicht genug zu Essen oder kein Dach über dem Kopf zu haben. Nach einiger Zeit haben sie sich meist ein hübsches Sümmchen zusammengespart. Aufgrund ihres sparsamen Konsumverhaltens und ihrer konservativen Art legen Ratten ihr Geld am liebsten an. Eine moderate, aber stabile Rendite ist der Ratte wichtig, damit sie abgesichert ist und ein sorgloses, glückliches Leben führen kann.

Das Schicksal der Ratte
in den verschiedenen Tierjahren

Das Jahr der Ratte: In diesem Jahr wird die Ratte sehr beschäftigt sein. Vielleicht kann sie auf der Karriereleiter ein paar Sprossen nach oben klettern. Am Jahresende sollte sie allerdings ein wenig zur Ruhe kommen. Die geplante Reise kann erst einmal warten.

Das Jahr des Büffels: Dieses Jahr wird ruhig und entspannt und wird weder von größeren Verlusten noch Erfolgen geprägt sein. Stattdessen wird vor allem der Familie und den Freunden der Ratte der Durchbruch gelingen.

Das Jahr des Tigers: Beruflich läuft es in diesem Jahr richtig gut. Vielleicht zieht die Ratte für die Karriere sogar in eine andere Stadt oder Region. In diesem Fall kommt womöglich viel Arbeit auf sie zu – gefolgt von Lob und Anerkennung. Ratten sollten in diesem Jahr stets die Augen offenhalten. Wenn sie ihre Chance erkennen und nutzen, können sie nämlich umso größere Erfolge erzielen.

Das Jahr des Hasen: In diesem Jahr hat die Ratte sowohl Glück als auch Pech. Schwierigkeiten können zu großen Problemen anwachsen, wenn sie nicht gegensteuert und ein gutes Karma erzeugt.

Das Jahr des Drachen: Finanziell, beruflich oder im Studium läuft es dieses Jahr reibungslos. Doch Achtung: Nicht jeder meint es gut mit der Ratte. Daher sollte sie aufpassen, mit wem Sie sich anfreundet, um Neid und Missgunst zu vermeiden.

Das Jahr der Schlange: In diesem Jahr passieren einige unschöne Dinge. Zum Glück steht ein Stern besonders günstig, der der Ratte den Weg leitet. Allerdings sollte sie Orte vermeiden, die für Ruhm und Reichtum stehen. Nur so kann sie das Unglück abwenden und in Glück verwandeln, ein größeres Desaster vermeiden und gesund bleiben.

Das Jahr des Pferdes: Sowohl die männliche als auch die weibliche Ratte sollten in diesem Jahr besonders aufmerksam sein und möglichst wenig Aufsehen erregen. Am besten konzentriert sie sich auf ihre Karriere, denn nur so wird sie langfristig Anerkennung erhalten und sich bei Rückschlägen nicht unterkriegen lassen.

Das Jahr des Schafs: Wenn die Ratte sich richtig anstrengt, kann sie all ihre Karriereziele erreichen. Auch wenn sie einige Hürden überwinden muss, gibt es keine ernsthaften Rückschläge. Sie sollte hitzigen Diskussionen und Streitereien aus dem Weg gehen und nachgiebig sein, auch wenn sie im Recht ist.

Das Jahr des Affen: In diesem Jahr ist Vorsicht geboten. Die Ratte sollte bei der Wahl ihrer Freunde besonders aufmerksam sein und zum Ende des Jahres beruflich noch einmal Gas geben.

Das Jahr des Hahns: Gute Aussichten! Dieses Jahr steckt voller Möglichkeiten. Harte Arbeit zahlt sich aus. Allerdings sollte sich die Ratte nicht vom Erfolg mitreißen lassen.

Das Jahr des Hundes: In diesem Jahr bekommt die Ratte deutlich mehr Anerkennung, auch wenn dies nichts an ihrem Einkommen ändert. Wenn zum Beispiel eine Beförderung winkt, gibt es nicht automatisch eine Gehaltserhöhung. Die Ratte sollte nicht an gefährliche Orte reisen. Am Ende des Jahres wartet das Glück. Dieses sollte sie nicht für selbstverständlich halten.

Das Jahr des Schweins: Ein Stern steht besonders günstig, sodass die Ratte dieses Jahr mehr Erfolge als Verluste zu verbuchen hat und die Glückssträhnen deutlich überwiegen. Allerdings sollte sie gut auf ihre Gesundheit achten.

Das Schicksal der Ratte nach den verschiedenen Geburtsmonaten des Mondkalenders

1. Mondmonat: Wer in diesem Monat geboren wurde, führt ein entspanntes Leben. Dank Unterstützung von Freunden und dem Ehepartner kann sich die Ratte zurücklehnen.

2. Mondmonat: Das Blatt wendet sich immer wieder unerwartet. Auch, wenn die Ratte freundlich, attraktiv und talentiert ist, wird ihre konservative Art ihr dabei im Weg stehen, Erfolge zu erzielen.

3. Mondmonat: Die Freundlichkeit der Ratte wird auf die Probe gestellt und sie wird viel Leid erfahren. Womöglich neigt sie phasenweise zu depressiven Verstimmungen.

4. Mondmonat: Die Ratte sollte keine Hilfe oder Unterstützung von ihrer Familie erwarten. Womöglich wird man sie diskriminieren. Je nach Geburtsstunde kann sich jedoch alles zum Guten wenden.

5. Mondmonat: Ratten, die in diesem Monat geboren wurden, arbeiten hart, werden aber auch gut unterstützt. Trotz vieler Hürden geht es mit der Karriere steil nach oben. Im mittleren Lebensalter bringt man der Ratte großen Respekt entgegen, da sich die harte Arbeit nun auch finanziell auszahlt.

6. Mondmonat: Die Ratte kann leider nicht auf ihre Familie zählen. Zum Glück erhält sie stattdessen Hilfe von anderen. Trotzdem hat sie permanent mit gesundheitlichen Probleme zu kämpfen, sodass es für sie schwierig wird, ihre Ziele zu erreichen. Zum Glück ist sie so entschlossen, dass sie auch diese Hürden souverän überwinden wird.

7. Mondmonat: In diesem Monat haben Ratten Glück – das stabile Familienleben und die permanente Unterstützung anderer hilft ihnen in ihrer Karriere. Deshalb fällt es der Ratte leicht, offen und positiv auf ihre Mitmenschen zuzugehen.

8. Mondmonat: Der starke Rückhalt durch ihre Familie, ihre Eltern und viele andere Wohltäter sorgt dafür, dass die Ratte ihr Leben lang beruflich erfolgreich ist. Sie ist klug und wird von ihren Mitmenschen sehr bewundert.

9. Mondmonat: Die Ratte ist engstirnig und ein wenig schüchtern, wodurch sie manchmal zum Spielball des Schicksals wird. Obwohl sie nicht sehr gesellig ist, hat sie ein enorm gutes Verhältnis zum Ehepartner und ihren Kindern. Insgesamt darf sie sich auf ein glückliches und friedliches Leben freuen.

10. Mondmonat: Ratten, die in diesem Monat geboren wurden, bekommen nur wenig Rückhalt von ihrer Familie. Zum Glück sind sie sehr ambitioniert und klug und werden nur selten mit größeren Schwierigkeiten konfrontiert. Trotzdem ist ihr Leben eine wahre Achterbahnfahrt, das Blatt wendet sich oft unerwartet.

11. Mondmonat: Auf ihre Familie kann die Ratte leider nicht zählen. Die erste Hälfte ihres Lebens wird hart. Danach darf sie sich durch die Unterstützung anderer aber auf ein glückliches Leben freuen. Etwas wirklich Schlimmes widerfährt der Ratte nicht. Nach der ersten Lebenshälfte geht es mit ihrer Karriere steil nach oben.

12. Mondmonat: Durch das Erbe ihrer Vorfahren, der engen Verbundenheit zu ihren Geschwistern und der tiefen Liebe zum Ehepartner sowie vielen anderen Wohltätern, fühlt sich die Ratte sicher und führt ein entspanntes Leben. Erfolge erzielt sie mühelos. Aufrichtig und ehrlich wie sie ist, hilft sie benachteiligten Menschen, wofür sie eine Menge Anerkennung erhält.

Das Schicksal der Ratte nach den verschiedenen Geburtstagen des Mondkalenders

1. Tag: Die ersten Lebensjahre der Ratte werden recht ereignislos verlaufen. Durch die Unterstützung anderer wird sich ihr Ansehen im mittleren Alter allerdings steigern.

2. Tag: Wer an diesem Tag geboren wurde ist freundlich, sanftmütig und darf sich einer hervorragenden Gesundheit

erfreuen. Allerdings arbeitet die Ratte bereits in ihren jungen Jahren sehr hart, ohne dass sie auf die Unterstützung ihrer Brüder setzen kann. Nach der ersten Lebenshälfte ist sie allerdings mit Glück gesegnet – gefolgt von Reichtum im Alter. Männliche Ratten sind besonders klug, während weibliche Ratten als ungemein attraktiv gelten.

3. Tag: Ratten, die an diesem Tag geboren wurden, haben begehrenswerte Partner und führen eine glückliche Ehe. Leider hält dieses Glück nicht allzu lange. Im mittleren Lebensalter meint es das Schicksal am besten mit der Ratte.

4. Tag: Das Glück verlässt die Ratte nicht. Sie ist klug und lernwillig. Die Rattenfrau kann einen tollen Ehemann haben, und auch der Rattenmann wird womöglich eine liebenswerte Ehefrau an seiner Seite haben. Ihr Leben wird sich gleichmäßig fortentwickeln, und mit Eintritt ins Erwachsenenalter läuft es auch finanziell gut. Sie wird ein langes, friedliches Leben führen.

5. Tag: Die Ratte ist klug und weiß genau, wo es lang geht. Sie achtet gut auf ihre Familie. Sie selbst kann allerdings nicht auf die Unterstützung ihrer Angehörigen zählen. Schon in ihren jungen Jahren muss die Ratte hart arbeiten. Dafür wird sie im Alter mit Wohlstand und Sicherheit belohnt.

6. Tag: Obwohl die Ratte sehr eifrig ist, wird sie es in ihrer ersten Lebenshälfte nicht allzu weit bringen. Erst mit 40 kommt der Erfolg.

7. Tag: Die Ratte hat eine komplizierte Persönlichkeit und ein unberechenbares Temperament. Sie kann auf ihre Brüder und andere männliche Familienmitglieder zählen, sollte sich aber nicht zu sehr in den Vordergrund drängen und stattdessen im Stillen arbeiten, um sich Erfolge zu sichern. Die weibliche Ratte, die an diesem Tag geboren wurde, hat mehr Glück als die männliche Ratte. Sie wird sehr lange leben.

8. Tag: Die Ratte ist klug und wird ein von Frieden und Glück geprägtes Leben führen. Das Verhältnis zu ihren Eltern wird allerdings immer von Streitigkeiten überschattet sein. Der große Erfolg wartet deshalb weit weg von zu Hause. Ob die Ratte den Durchbruch schafft, hängt von den Menschen ab, die sie kennenlernt. Die richtigen Personen werden ihr helfen können. Im mittleren und hohen Alter ist die Ratte glücklich, obwohl sie nicht besonders wohlhabend sein wird.

9. Tag: Die ersten Lebensjahre der Ratte werden recht ereignislos verlaufen. Im hohen Alter geht es ihr hingegen besonders gut: Ruhm und Glück warten auf die gutherzige und großzügige Ratte.

10. Tag: In ihren ersten Lebensjahren befindet sich die Ratte in einer ungünstigen Situation. Die männliche Ratte wird eine starke Bindung zu seiner Ehefrau und dem gemeinsamen Sohn aufbauen. Allerdings fühlt er sich auch zu anderen Frauen sowie Wein hingezogen. Ratten mit diesem Geburtstag werden schon früh sehr hart arbeiten müssen, um für ihr späteres Leben zu sorgen und im hohen Alter ein glückliches Leben zu führen.

11. Tag: In der Mitte ihres Lebens kommt harte Arbeit auf die Ratte zu. Leider trifft sie eine Menge schlechter Entscheidungen, sodass ihre Bemühungen weder mit Glück noch mit Wohlstand belohnt werden. Im Alter wendet sich das Blatt und die Ratte wird bis zum Ende ihrer Tage ein glückliches Leben führen.

12. Tag: Ihre sanftmütige, aber dennoch fleißige Art helfen der Ratte dabei, auch schwierige Zeiten durchzustehen. Ihre frühen Lebensjahre sind nicht gerade von Glück geprägt. Nach der ersten Lebenshälfte ändert sich dies allerdings, sodass die Ratte bis ins hohe Alter ein glückliches Leben führen wird. Sie darf sich nicht nur auf Ruhm und Reichtum, sondern auch auf ein harmonisches Familienleben freuen.

13. Tag: Das Leben der Ratte ist von Glück, Wohlstand und Erfolg geprägt.

14. Tag: Sowohl der Rattenmann als auch die Rattenfrau sind charakterlich sehr bodenständig und gelassen. Der Rattenmann wird von seiner Frau unterstützt, wodurch es mit seiner beruflichen Laufbahn und dem Gehalt steil nach oben geht. Für die hübsche Rattenfrau geht es vor allem nach der ersten Lebenshälfte bergauf.

15. Tag: Wenn die Sterne zur Geburtsstunde günstig stehen, wird das Leben der Ratte von Wohlstand und Profit geprägt sein.

16. Tag: Die Ratte ist klug und hat eine besonders kreative Ader. Von ihrer Familie kann sie keinen Rückhalt erwarten, weshalb sie schon in jungen Jahren hart arbeiten wird – doch das wird belohnt. Ihre Kunst wird immer besser.

17. Tag: Die Ratte ist nicht nur besonders klug, sondern auch ausdauernd. Auf ihre Familie kann sie sich schon in ihrer Kindheit nicht verlassen. Deshalb wird sie sehr früh selbstständig und startet beruflich durch. Der Rattenmann muss bis zu seinem 35. Lebensjahr auf das Glück warten. Dann aber findet er eine nette Frau, und auch mit seiner Karriere geht es steil bergauf.

18. Tag: Die kluge und gerissene Ratte tritt anderen oft auf die Füße, da sie sehr stur sein kann und ihren Mitmenschen gegenüber wenig Nachsicht zeigt. Da sich die Beziehung zu ihren Eltern recht schwierig gestaltet, wird sie schon früh auf eigenen Beinen stehen und ins Berufsleben einsteigen.

19. Tag: Ruhm und Glück verhelfen der Ratte zu gesellschaftlicher Anerkennung. Ihre frühen Lebensjahre werden zwar relativ unspektakulär verlaufen, dafür wird sie im Alter aber sehr vermögend sein.

20. Tag: Männliche Ratten sollten das Elternhaus verlassen, um das große Geld zu machen. Auf ihre Familie

und Freunde können sie nicht setzen. Im hohen Alter ist ihnen das Glück aber wohlgesonnen. Die weibliche Ratte, die sehr gesellig ist und viel lacht, wird in ihrem Leben gute Freundschaften und Beziehungen aufbauen. Sie wird ihren Ehemann unterstützen und sehr gut für ihre Familie sorgen. Kurz: Sie darf sich auf ein rundum glückliches Leben freuen.

21. Tag: Der Rattenmann wird mit einer reizenden Frau beglückt, die ihm bei alltäglichen Problemen unter die Arme greift. Im Erwachsenenalter wird er eine Menge Unterstützung erhalten und aufgrund dessen einen Karrieresprung machen. Auch die Rattenfrau arbeitet hart, was sich ebenfalls auszahlen wird.

22. Tag: Ratten, die an diesem Tag geboren wurden, sind klug und vertrauenswürdig. Obwohl ihre ersten Lebensjahre von Schicksalsschlägen geprägt sind, dürfen sie sich ab dem 30. Lebensjahr über Reichtum und Erfolg freuen. Das Schicksal meint es gut mit der Ratte: Anerkennung, Wohlstand und ein glückliches Leben begleiten sie bis ins hohe Alter.

23. Tag: Die sprunghafte Ratte ändert ständig ihre Meinung. In ihrer ersten Lebenshälfte wird sich in Punkto Karriere kaum etwas tun. Danach und auch im hohen Alter wird sie aber mit Glück und Wohlstand belohnt. Für die weibliche Ratte stehen die Sterne insgesamt günstiger. Sie wird mit vielen Kindern beglückt.

24. Tag: Die kluge Ratte, die sehr flinke Hände hat und jede Aufgabe gewissenhaft erledigt, wird mit Erfolg und Respekt belohnt. Wenn sie ihre Chance nutzt und von zu Hause fortgeht, wird sie eine Menge Geld verdienen. Die weibliche Ratte hat insgesamt weniger Glück als der Rattenmann. Sie muss härter arbeiten, wird ab der zweiten Lebenshälfte und im hohen Alter aber trotzdem zum Glück finden.

25. Tag: Die bescheidene und ehrliche Ratte kümmert sich gerne um die Angelegenheiten anderer und vollbringt viele gute Taten. Der Rattenmann wird eine reizende Frau finden, die ihn sein ganzes Leben lang unterstützen wird. Die Rattenfrau ist sehr gewissenhaft und wird vor allem in der zweiten Lebenshälfte auf der Karriereleiter nach oben klettern, wodurch sie ihrer Familie viel bieten kann.

26. Tag: Die gütige und sorglose Ratte darf ein süßes Leben genießen, nachdem sie bittere Hürden überwunden hat. Im mittleren und hohen Alter wartet Wohlstand.

27. Tag: Die unkonventionelle und unberechenbare Ratte wird sich einer hervorragenden Gesundheit erfreuen. Eine rosige Zukunft liegt vor ihr – vor allem ab dem 30. Lebensjahr.

28. Tag: Die Ratte muss sich sowohl auf Freude als auch auf Verbitterung gefasst machen. Hilfe von ihren Eltern kann sie nicht erwarten. Ihr Leben wird insgesamt zwar recht glücklich, aber unspektakulär verlaufen.

29. Tag: Auf harte Zeiten folgen glückliche. Die Ratte wird schon früh sehr hart arbeiten müssen. Dies wird in ihrer Lebensmitte aber mit einem glücklichen Schicksal belohnt. Sowohl der Rattenmann als auch die Rattenfrau können von ihren Ehepartnern profitieren.

30. Tag: Die kluge und lebensfrohe Ratte vollbringt gerne gute Taten, ohne sich allzu große Sorgen über die Zukunft zu machen. In der zweiten Lebenshälfte warten Wohlstand und Reichtum. Ein langes, glückliches Leben liegt vor ihr.

Die traubenessende Ratte

Dieses Motiv wird vor allem durch Scherenschnitte dargestellt und ist besonders in der chinesischen Silvesternacht sehr beliebt. Die Ratte steht hier symbolisch für Fortpflanzung. Li Shizhen (1518–1593) beschrieb in dem bekanntesten historischen Fachbuch über Chinesische Medizin, dem *Materia Medica* aus dem Jahre 1590, dass die Ratte nur einen Monat lang trächtig ist, bevor sie ihre Jungen zur Welt bringt – manchmal sogar bis zu zwanzig an der Zahl! Die Fähigkeit, so viel Nachwuchs in einer so kurzen Zeit zu gebären, wurde von vielen Menschen mit Kinderwunsch beneidet. Die Ratte steht also für Gebärfreudigkeit. Trauben enthalten zahlreiche Kerne – Die Übersetzung für »Kern« lautet *zi*. Dieses Wort erinnert im Chinesischen wiederum stark an das Wort für »Kinder«. Aufgrund dessen soll die Ratte in Kombination mit Weintrauben Glück bringen und die Chance auf den ersehnten Nachwuchs erhöhen.

Das Schicksal der Ratte
nach den verschiedenen Geburtsstunden

23–01 Uhr: Das Leben der Ratte ist durch und durch von Glück geprägt. Auch wenn ihre Familie niemals reich sein wird, ist sie mit einem starken Charakter, Intelligenz, flinken Händen und der Fähigkeit gesegnet, komplexe Gedankengänge zu vollziehen. Dank Unterstützung von ihren Mitmenschen kann die Ratte einige berufliche Erfolge verbuchen.

01–03 Uhr: Die Ratte wird ein überaus fröhliches Leben führen. Ihre Familie greift ihr unter die Arme und hilft, wo sie nur kann. Vor allem die Rattenfrau erhält finanzielle Unterstützung von Familienmitgliedern und ist ihr Leben lang abgesichert. Der Rattenmann wird eine wunderschöne Frau finden, die ein enormes Vermögen mit in die Ehe bringt. Obwohl seine berufliche Laufbahn erfolgreich verläuft, wird er einen Großteil seines Kapitals verlieren.

03–05 Uhr: Die Ratte wird ein fröhliches und sorgloses Leben führen. Der Rattenmann ist klug, gebildet und facettenreich. Sein Leben ist von Geld und Wohlstand geprägt. Die Rattenfrau ist hübsch und ebenfalls sehr klug. Sie erhält viel Unterstützung von ihrer Familie, kann aber nicht besonders gut mit Geld umgehen. Für sie wird es schwierig, beruflich so erfolgreich zu sein wie der Rattenmann.

05–07 Uhr: Das Leben der Ratte wird von Wohlstand, Glück, Frieden und Freude geprägt sein. Ihre Familie wird sie enorm unterstützen, allen voran ihre Eltern. Doch nicht nur zu Hause greift man der Ratte unter die Arme – auch Hilfe von außen ist ihr gewiss. Kein Wunder, dass der Erfolg nicht lange auf sich warten lässt. Sie ist wagemutig und klug. Im Laufe ihres Lebens wird sie entweder eine Machtposition einnehmen oder aber sehr reich werden.

07–09 Uhr: Oft kommt es zu unerwarteten Wendungen. Das Leben der Ratte ist ein einziges Auf und Ab. Sie ist ehrgeizig, talentiert und hat sich mit der Zeit ein enormes Wissen angeeignet. Auf die Unterstützung ihrer Familie kann die Ratte allerdings nicht zählen. Womöglich schafft sie es kurzzeitig zum Erfolg – dieser ist aber nie von langer Dauer.

09–11 Uhr: Die Ratte sollte sich auf eine einzige Achterbahnfahrt gefasst machen. Ihre Karriere läuft nicht überragend, aber auch nicht gerade schlecht. Auf Unterstützung von Familie und Freunden darf die Ratte nicht setzen. Allein deshalb fällt es ihr schwer, im Job weiterzukommen.

11–13 Uhr: Ratten, die zu dieser Uhrzeit geboren wurden, werden ihr Leben wohl als Berg- und Talfahrt erleben, das sowohl von Unglück als auch Anerkennung geprägt ist – manchmal sogar gleichzeitig. Der Erfolg steigt der Ratte zu Kopf, und wenn sie mal versagt, frustriert sie das ungemein. Sie ist temperamentvoll, wodurch ihr der Umgang mit anderen Menschen manchmal schwerfällt.

13–15 Uhr: Wie eine große Welle nimmt das Leben der Ratte erst verheißungsvoll Schwung, um dann umso zerstörerischer zu brechen. Auf Unterstützung von ihrer Familie oder Freunden kann die Ratte nicht zählen. Ihre sture Art hilft ihr allerdings dabei, auf der Karriereleiter nach oben zu klettern, zumindest, wenn sie sich anstrengt. Andernfalls wird sie tief fallen.

15–17 Uhr: Das günstige Schicksal der Ratte beschert ihr auf ewig Glück. Ihre großzügige Art, ihre Fähigkeiten und Talente, aber auch ihre Zuneigung gegenüber der Familie und Respekt vor Vorgesetzten bringen ihr viel Unterstützung von ihren Mitmenschen ein. All dies trägt dazu bei, dass sie eine erfolgreiche Karriere vor sich hat. Zwischendurch gibt es einige unerwartete Wendungen im Leben der Ratte, die finanzielle Verluste nach sich ziehen. Insgesamt wird das ihren erfolgreichen Weg aber nicht nachhaltig beeinträchtigen.

17–19 Uhr: Ein friedliches Leben wartet auf die Ratte, nicht zuletzt durch die enorme Hilfe und Unterstützung ihrer Eltern. Die gutherzige Ratte hat einen ausgeprägten Sinn für Gerechtigkeit und wird außer von ihren Eltern auch Unterstützung von anderen Menschen erfahren. Dies öffnet ihr die Türen zum beruflichen Erfolg. Auf ein besonders hohes Gehalt sollte sie allerdings nicht hoffen.

19–21 Uhr: Die Ratte wird im Laufe ihres Lebens einige Schicksalsschläge erleiden müssen. Sie wird viel Zeit damit verbringen, ihre Eltern zu pflegen, da diese mit gesundheitlichen Probleme zu kämpfen haben. Gleichzeitig vernetzt sich die Ratte aber gut mit anderen, was ihre Karriere fördert.

21–23 Uhr: Die Ratte wird ein inniges Verhältnis zu ihren Eltern haben. Auch wenn der Alltag keine größeren Schicksalsschläge mit sich bringt, wird die Ratte aufgrund gesundheitlicher Probleme beruflich nicht sehr erfolgreich sein.

Kapitel 2

Der Büffel

Das zweite Tier der Chinesischen Sternzeichen ist der Büffel, der Tugenden wie Fleiß und Ausdauer verkörpert. Unter allen Tierzeichen bildet die Ratte wohl den stärksten Kontrast zum Büffel, dem größten der Tiere. Die winzige Ratte wird oft als unbedeutend oder bedauernswert wahrgenommen, während der Büffel mit grenzenloser Macht und Reichtum verbunden wird.

Mondjahre des Büffels im Sonnenkalender

4. Februar 1913 bis 3. Februar 1914

4. Februar 1925 bis 3. Februar 1926

4. Februar 1937 bis 3. Februar 1938

4. Februar 1949 bis 3. Februar 1950

4. Februar 1961 bis 3. Februar 1962

4. Februar 1973 bis 3. Februar 1974

4. Februar 1985 bis 3. Februar 1986

4. Februar 1997 bis 3. Februar 1998

3. Februar 2009 bis 3. Februar 2010

3. Februar 2021 bis 3. Februar 2022

3. Februar 2033 bis 3. Februar 2034

3. Februar 2045 bis 2. Februar 2046

Lebensweg

Menschen, die im Jahr des Büffels geboren wurden, halten an ihren Werten und Zielen fest. Sie handeln aus ihrer Überzeugung heraus und sind sich ihrer Fähigkeiten bewusst. Büffel lassen sich nicht von ihrem Glauben abbringen und sowohl ihre Arbeit als auch ihre Familie liegt ihnen sehr am Herzen. Schon früh bieten sich dem vom Glück begünstigten Büffel zahlreiche Chancen, sodass er schon in jungen Jahren seine Heimat verlässt und erfolgreich wird. Erst in seiner Lebensmitte wird er einige Schicksalsschläge erleiden, und zwischenzeitlich den Kopf in den Sand stecken. Im Alter kehrt das Glück aber zu ihm zurück.

Persönlichkeit

Büffel sind sanftmütig, ehrlich, geduldig, fleißig, unabhängig, begeisterungsfähig und bodenständig. Gleichzeitig können sie aber auch stur und ein wenig reserviert sein. Ihre größte Stärke liegt wohl in ihrem überaus hohen Verantwortungsbewusstsein. Jede Entscheidung wird gut durchdacht. Sobald sie einmal einen Entschluss gefasst haben, stehen sie dafür ein und verteidigen ihre Ansicht bis aufs Äußerste. Büffel haben von Natur aus einen ausgeprägten Gerechtigkeitssinn, können manchmal ein wenig engstirnig und konservativ sein und halten gerne an Traditionen fest. Manchmal wäre es für sie allerdings von Vorteil, auch andere Meinungen zu akzeptieren und sich in kritischen Situationen anzupassen.

Fünf Ochsen

Fünf Ochsen von Han Huang (723–787) ist eines der bemerkenswertesten Tiergemälde in der Chinesischen Kunstgeschichte. Mittlerweile kann man das Werk in Pekings Palastmuseum bestaunen. Die fünf Büffel sind jeweils aus verschiedenen Perspektiven abgebildet und unterscheiden sich in ihrer Körperhaltung. Auch ihre wilden Augen und der tiefgründige Gesichtsausdruck sind charakteristische Merkmale des Kunstwerks, die das sanftmütige und zugleich sture Wesen des Büffels treffend darstellen. Betrachtet man das Bild, ist es, als spüre man das gesamte Leben, die Gefühle und das tiefste Innere der Tiere. Es ist davon auszugehen, dass sich dieses Gemälde auf die in China bedeutende konfuzianische Philosophie bezieht, in der Wohlwollen, Gerechtigkeit, Anstand, Weisheit und Vertrauenswürdigkeit, und mitunter auch Feierlichkeit, Loyalität, Respekt, Aufrichtigkeit und Mut zentrale Werte sind. Die edlen Tugenden, die in den Ochsen zum Ausdruck kommen, machen sie zu einem engen Verbündeten der Menschheit.

Beruf und Karriere

Büffel arbeiten hart und gewissenhaft. Aufgrund ihrer bodenständigen Art und ihrer ausgeprägten Fähigkeit, wohlüberlegte Entscheidungen zu treffen, sind Büffel hervorragend für einen Beruf im analytischen Bereich geeignet. Ihre Karriere kann nur dann reibungslos ablaufen, wenn sie sich vor missgünstigen Menschen in Acht nehmen. Diese werden nämlich für einigen Trubel sorgen. Auch sollten Büffel lernen, sich besser anzupassen, denn nur so werden sie Rückschläge vermeiden können.

Liebe und Ehe

Büffel neigen dazu, sehr sentimental zu sein. Trotzdem wissen sie ganz genau, wer ihnen guttut und wer nicht. Leider verbaut sich der Büffel sein Glück oft selbst, da es ihm schwerfällt, aus sich herauszukommen und Bekanntschaften zu knüpfen. Trotzdem wird man ihm Anerkennung für seine Ehrlichkeit entgegenbringen. Büffel, die an dieser Eigenschaft festhalten, werden ihre große Liebe finden. Dabei handelt es sich entweder um einen anderen Büffel, eine Ratte, Schlange oder einen Hahn. Pferd, Schaf, Drache und Hund passen hingegen nicht zum Büffel. Mit diesen Tierzeichen wird es schnell zu Meinungsverschiedenheiten kommen, sodass sich der Büffel keine glückliche Ehe mit ihnen erhoffen sollte.

Ehe: Welches Tierkreiszeichen passt zum Büffelmann?

Der Büffelmann mit der Rattenfrau: Die beiden werden eine glückliche und zufriedene Beziehung führen. Beide bekommen das, was sie sich vom jeweils anderen wünschen.

Der Büffelmann mit der Büffelfrau: Zwar sind beide sehr gewissenhaft, zugleich aber auch zu introvertiert und verschlossen, um eine fröhliche und unbeschwerte Beziehung zu führen.

Der Büffelmann mit der Tigerfrau: Viele Gemeinsamkeiten haben die beide nicht gerade. Wahrscheinlich fühlen sie sich vor allem aus Neugier zueinander hingezogen. Letzten Endes sind sie sich aber doch nicht ähnlich genug, um sich gut zu verstehen.

Der Büffelmann mit der Hasenfrau: Um eine zufriedene Ehe zu führen, müssen die beiden gut kommunizieren und kompromissbereit sein.

Der Büffelmann mit der Drachenfrau: Beide sind sehr entschlossen und stur, weshalb es oft zu Konflikten kommen wird. Damit die Beziehung trotzdem funktioniert, sollten die beiden einander wertschätzen und sich gegenseitig Komplimente machen.

Der Büffelmann mit der Schlangenfrau: So sieht die perfekte Ehe aus.

Der Büffelmann mit der Pferdefrau: Den beiden fällt es schwer, sich aufeinander einzulassen.

Der Büffelmann mit der Schaffrau: Unstimmigkeiten und Traurigkeit auf der einen Seite, Freude auf der anderen – auf Trennung folgt Versöhnung. Diese Beziehung wird trotz Schwierigkeiten für immer halten.

Der Büffelmann mit der Affenfrau: Die beiden sind einfach nicht auf einer Wellenlänge.

Der Büffelmann mit der Hahnenfrau: Die beiden werden glücklich verheiratet sein.

Der Büffelmann mit der Hundefrau: Diese Konstellation ist ungünstig, da die beiden einfach zu verschieden sind.

Der Büffelmann mit der Schweinefrau: Perfekter geht es nicht. Beide profitieren von der liebenswerten Art des anderen.

Ehe: Welches Tierkreiszeichen passt zur Büffelfrau?

Die Büffelfrau mit dem Rattenmann: Die beiden werden sehr glücklich miteinander sein. Das Paar wird von allen bewundert.

Die Büffelfrau mit dem Büffelmann: Beide sind enorm fleißig, aber sehr introvertiert, weshalb es der Beziehung an Flexibilität fehlen wird.

Die Büffelfrau mit dem Tigermann: Unterschiedlicher kann man kaum sein. Ihre einzige Gemeinsamkeit? Beide sind Sturköpfe.

Die Büffelfrau mit dem Hasenmann: Es wird eine Weile dauern, bis sich die beiden aufeinander einlassen.

Die Büffelfrau mit dem Drachenmann: Beide sind stur und müssen lernen, Kompromisse einzugehen.

Die Büffelfrau mit dem Schlangenmann: In guten wie in schlechten Zeiten unterstützen sie sich gegenseitig. Ihre Ehe wird voller Liebe und Zärtlichkeit sein.

Die Büffelfrau mit dem Pferdemann: Ihre Charaktere könnten unterschiedlicher nicht sein. Gemeinsame Interessen und Gewohnheiten? Fehlanzeige.

Die Büffelfrau mit dem Schafmann: Diese Beziehung kann nur dann funktionieren, wenn sich beide ins Zeug legen und an sich arbeiten.

Die Büffelfrau mit dem Affenmann: Beide sind sehr charismatisch, zugleich aber auch stur. Deshalb fällt es ihnen schwer, Kompromisse einzugehen.

Die Büffelfrau mit dem Hahnenmann: Diese Ehe wird für immer halten und anderen sogar als Vorbild dienen.

Die Büffelfrau mit dem Hundemann: Beide nehmen die Ehe sehr ernst, müssen aber lernen, Kompromisse einzugehen.

Die Büffelfrau mit dem Schweinemann: Sie lieben einander wirklich von ganzem Herzen. Trotzdem dauert es eine Weile, bis die beiden sich aufeinander einlassen können.

Der Kuhhirte und die Weberin

Schon vor langer Zeit bewunderte man in China die Sterne sehr, ja man vergötterte sie sogar und schrieb jedem Stern individuelle Eigenschaften zu. Daraus entwickelte sich unter anderem die Volkslegende des Kuhhirten und der Weberin. Die Eltern des Kuhhirten starben bereits sehr früh, sodass er lediglich in Gesellschaft eines alten Büffels lebte. Bei der Weberin handelte es sich laut Legende um die Enkeltochter des Himmelskaisers. Sie kam oft mit ihren Schwestern zusammen ins menschliche Erdreich hinunter, um ein Bad im Fluss zu nehmen. Der alte Büffel gab dem armen und hilflosen Kuhhirten den Wink, die Kleider der Weberin zu stibitzen und sie auf diese Weise an die Menschenwelt zu binden. Der Plan ging auf und die beiden heirateten. Der Kuhhirte arbeitete auf dem Feld, während seine Gattin zu Hause webte. Das Paar brachte Kinder zur Welt und lebte ein glückliches Leben. Als dies der Himmelskaiserin zu Ohren kam, wurde sie wütend und holte ihre Tochter zurück. Von diesem Tag an durften sich die Liebenden nur noch einmal im Jahr sehen, nämlich stets am siebten Tag des siebten Monats, auf einer Brücke, die eine Schar Elstern über dem Himmelsfluss bildeten. Und seither wird am siebten Tag des siebten Mondmonats das Qixi-Fest gefeiert, der Valentinstag Chinas.

Reichtum und Wohlstand

Menschen, die im Jahr des Büffels geboren wurden, gelten als fleißig und mutig. Dennoch verdienen sie nur wenig. Da ihnen der Geschäftssinn fehlt, werden sie nie besonders wohlhabend sein. Trotzdem gerät der Büffel niemals in finanzielle Nöte, da er sein geringes, aber stabiles Einkommen stets zur Seite legt und sparsam lebt.

Das Schicksal des Büffels
in den verschiedenen Tierjahren

Das Jahr der Ratte: Alles verläuft nach Plan. Seine außergewöhnliche Intuition hilft dem Büffel, Unglück abzuwenden und Chancen zu erkennen und zu ergreifen. Kleinere Gesundheitsprobleme bekommt er in den Griff, ohne Medikamente einzunehmen.

Das Jahr des Büffels: In diesem Jahr gibt es weder besondere Glückssträhnen noch größere Pechphasen. Anerkennung und Wohlstand stellen sich leider nicht ein, es sei denn, er arbeitet akribisch dafür.

Das Jahr des Tigers: Zunächst stehen dem Büffel sämtliche Türen offen. In diesem Jahr wird jemand aus seiner Familie heiraten. Am Jahresende wird sich der Büffel oft vergeblich anstrengen, da er nur mäßige Erfolge erzielt.

Das Jahr des Hasen: Der Büffel wird oft in Schwierigkeiten geraten. Wenn er sich geduldig zeigt, kann sich aber noch alles zum Guten wenden und sein Jahr friedlich verlaufen. Voraussetzung: Er muss regelmäßig für einen Ausgleich sorgen.

Das Jahr des Drachen: Der Büffel wird einen sorglosen Alltag leben, sofern er dem Gesetz der Natur folgt und sich zunächst einmal zurückzieht, um an sich zu arbeiten – und letztlich vorwärtszukommen.

Das Jahr der Schlange: Dies ist das Jahr des Wohlstands – allerdings nur für Büffel, die in geraden Monaten geboren wurden, denn diese wissen genau, wann und wie sie ihre Chancen am besten nutzen können. Allerdings gerät der Büffel regelmäßig in Diskussionen darüber, was falsch und was richtig ist.

Das Jahr des Pferdes: In diesem Jahr muss der Büffel besonders auf sein Vermögen Acht geben. Verschuldet er sich, kann er aber gegen Ende des Jahres Glück haben: Womöglich hilft ihm ein Wohltäter aus.

Das Jahr des Schafs: Zu Beginn des Jahres befindet sich der Büffel in einer ungünstigen Lage, doch es gibt Licht am Ende des Tunnels. Wenn sich das Jahr dem Ende neigt, meint es das Schicksal besonders gut mit ihm.

Das Jahr des Affen: Dieses Jahr ist das Glück auf der Seite des Büffels und beinahe jede Anstrengung, die er unternimmt, wird sich auszahlen. Er besteht zum Beispiel eine Prüfung, geht eine glückliche Ehe ein oder bekommt ein Kind. Damit sollte er sich allerdings auch zufriedengeben und sein Schicksal nicht herausfordern, denn sonst droht sich sein Leben zu einer Achterbahnfahrt zu entwickeln.

Das Jahr des Hahns: In diesem Jahr stellen sich dem Büffel einige Hindernisse in den Weg und seine Möglichkeiten sind begrenzt. Wenn er gute Taten vollbringt und für seine Mitmenschen da ist, wird allerdings Frieden einkehren.

Das Jahr des Hundes: In diesem Jahr werden dem Büffel keine Steine in den Weg gelegt. Vielmehr bieten sich ihm zahlreiche Möglichkeiten. Seine Karriere läuft reibungslos, solange er gewissenhaft und organisiert vorgeht.

Das Jahr des Schweins: Der Büffel muss eine Menge Hürden überwinden. Dadurch fällt es ihm schwer, seine Ziele zu verfolgen. Zum Glück erhält er gegen Jahresende Hilfe von seinen Mitmenschen. Sofern der Büffel fleißig und sparsam ist, wird er keine Geldsorgen haben.

马 下双驹大春牛今年日子不用愁六畜兴旺五谷丰收

牛春

Auspeitschung des Büffels im Frühling

In der Antike war es üblich, sich am Tag des offiziellen Frühlingsanfangs nach dem Chinesischen Mondkalender als Frühlingsgottheiten zu verkleiden, die für das Wachstum von Gras und Bäumen verantwortlich waren. Bei dieser Zeremonie peitschte man Büffel aus und begrüßte auf diese Weise den Frühling und somit die Erntesaison. Indem man die Frühlingsgötter anbetete und den Büffel auspeitschte, der symbolisch für die Landwirtschaft steht, erhoffte man sich eine besonders ertragreiche Ernte.

Die Abbildung zeigt eines der Neujahrsgemälde aus Wuqiang. Hierbei handelt es sich um chinesische Volkskunst, die den Aspekt der einfachen Landwirtschaft mit buddhistischen Wertvorstellungen, traditionellen Ansätzen und nationalen Brauchtümern verbindet. Charakteristisch für diese Art von Kunst sind kräftige Linien, eine volle Struktur und helle Farben. Auch finden sich in Neujahrsgemälden meist unzählige Dekorationselemente und festliche Motive.

Das Schicksal des Büffels nach den verschiedenen Geburtsmonaten des Mondkalenders

1. Mondmonat: Die ersten Lebensjahre des Büffels verlaufen nicht gerade glücklich. Später bieten sich ihm aber gute Möglichkeiten, und er darf sich auf ein langes, glückliches Leben freuen. Selbstvertrauen ist der Schlüssel zum Wohlstand.

2. Mondmonat: Der Büffel verfolgt fleißig seine Karriereziele. Dadurch lässt er sich aber manchmal zu übermütigen Handlungen verleiten, was für seinen beruflichen Werdegang kontraproduktiv ist.

3. Mondmonat: Der kluge und gebildete Büffel wird ohne große Anstrengungen ein frohes und sorgenfreies Leben führen. Wenn er sein Nest verlässt, wird man ihm Respekt zollen.

4. Mondmonat: Dem Büffel gelingt es nicht, sich eine hohe Position in der Gesellschaft zu sichern, weshalb seine Möglichkeiten und sein Einkommen begrenzt sind.

5. Mondmonat: Der Büffel ist gutherzig und opfert sich für seine Eltern auf. Trotzdem fehlt es an Unterstützung durch einflussreiche Personen, weshalb er nie das große Geld machen wird.

6. Mondmonat: Der ungemein kluge Büffel arbeitet schon früh sehr hart, wodurch er mit Eintritt ins Erwachsenenalter finanziell abgesichert ist. Dabei bekommt er auch Unterstützung von Wohltätern. Generell gibt es wenig Widerstand von außen: Der Büffel ist ein echter Glückspilz.

7. Mondmonat: Der kluge Büffel ist auf Zack. Finanziell wird es ihm immer gut gehen, auch wird er weder in ernste Nöte geraten noch schlimme Krankheiten erleiden. Er wird ein langes und glückliches Leben führen.

8. Mondmonat: Ein Leben voller Wohlstand und Anerkennung wartet auf den klugen und anpassungsfähigen Büffel. Er darf sich bester Gesundheit erfreuen.

9. Mondmonat: Der kluge Büffel wird eine steile Karriere hinlegen und ein erfülltes Leben haben, was er nicht zuletzt seiner guten Arbeitsmoral und seinem Mut zu verdanken hat. Auch wird er von seinen Mitmenschen wahrgenommen, die ihm ihre Hilfe anbieten.

10. Mondmonat: Die erste Lebenshälfte wird der Büffel in Armut verbringen. In seiner Jugend, spätestens aber im Erwachsenenalter, wird es ihm finanziell jedoch besser gehen. Er ist klug und zielstrebig, seine Erfolge finden Anerkennung. Dank seines guten Geschäftssinns wird er eine Menge Geld verdienen.

11. Mondmonat: Der Büffel wird einige Rückschläge erleiden müssen. Dabei erhält er nur wenig Unterstützung.

12. Mondmonat: Auf den Büffel wartet ein erfülltes Familienleben. Er steckt voller Energie und Ambitionen und wird eine Menge Anerkennung bekommen. Wirklich reich wird der Büffel allerdings nicht.

Das Schicksal des Büffels nach den verschiedenen Geburtstagen des Mondkalenders

1. Tag: Der clevere, intelligente und aufrichtige Büffel wird schon früh hart arbeiten. Das zahlt sich aus: Vor allem im hohen Alter wird er mit einem glücklichen Leben belohnt. Die Büffelfrau arbeitet ebenfalls sehr hart. Außerdem hat sie ein besonderes Talent dafür, Familienangelegenheiten zu regeln.

2. Tag: Büffel, die an diesem Tag geboren wurden, werden von ihrem Umfeld respektiert. Vor allem im mittleren und hohen Alter läuft ihr Leben reibungslos und weitgehend sorgenfrei. Ihre Gutherzigkeit zahlt sich aus: Das Schicksal meint es gut mit dem Büffel und beschert ihm ein langes Leben.

3. Tag: Der kluge Büffel steckt voller Tatendrang und außergewöhnlicher Talente. Er ist ein echter Glückspilz – zumindest mit Eintritt ins Erwachsenenalter, denn dann warten Erfolg und Wohlstand.

4. Tag: Trotz vieler besonderer Eigenschaften ist das Leben des Büffels ein einziges Auf und Ab. Die Büffelfrau hat ein wenig mehr Glück.

5. Tag: Was dem Büffel fehlt, ist ein starker Wille. Er ist zwar wissbegierig, hat aber Schwierigkeiten, seine Ziele zu erreichen. In der ersten Lebenshälfte meint es das Schicksal nicht gerade gut mit ihm. Dank Hilfe von seinen Mitmenschen wird es ihm finanziell aber trotzdem gut gehen. Ein langes, beständiges Leben wartet auf ihn.

6. Tag: Die Klugheit liegt in seinen Genen. Präzision und Disziplin sind dem Büffel sehr wichtig. Kein Wunder, dass der Erfolg nicht auf sich warten lässt. Schon in jungen Jahren arbeitet der talentierte und geschickte Büffel sehr hart. Dies zahlt sich nach der ersten Lebenshälfte aus: Im hohen Alter wird er ein geruhsames Leben führen.

7. Tag: In dem zuvorkommenden und lernwilligen Büffel schlummern nicht nur besondere Talente, sondern auch eine Menge Wissen. Auf eine harte Jugendzeit folgt eine steile Karriere samt Familien- und Eheglück.

8. Tag: Schon in frühen Jahren ist das Leben des Büffels eine einzige Achterbahnfahrt. Zum Glück erhält er Unterstützung von einflussreichen Menschen, die ihm zu Wohlstand verhelfen – allerdings erst nach seinem 30. Lebensjahr.

9. Tag: Der gutherzige Büffel kommt gut mit anderen aus. Der Büffelmann ist sehr attraktiv, und auch die Büffelfrau gilt als außerordentlich hübsch und klug.

10. Tag: Wer an diesem Tag geboren wurde, darf sich auf eine steile Karriere und ein glückliches Familienleben freuen. Zwar lässt der Erfolg anfangs ein wenig auf sich

warten; ab der zweiten Lebenshälfte wird es dem Büffel finanziell jedoch sehr gut gehen.

11. Tag: Der Büffel ist konsequent und selbstbewusst, wenn es darum geht, Dinge zu regeln. Trotzdem wird er nie besonders wohlhabend sein, sondern stets ein mittelmäßiges Einkommen haben.

12. Tag: Der sanftmütige Büffel wird einige Schicksalsschläge erleiden, die er aber gut wegstecken kann. Während seine Jugendzeit ein einziges Auf und Ab ist, kann er sich als Erwachsener auf ein Leben in Wohlstand freuen. Geld und Glück warten auf den Büffel.

13. Tag: Der Büffel wird in eine wohlhabende und privilegierte Familie hineingeboren, was ihm schon früh Respekt einbringt. All die Unterstützung, die er bekommt, wird ihm den Weg zu einem erfolgreichen und sorgenfreien Leben weisen.

14. Tag: Der Büffelmann ist ehrlich, introvertiert und ausgeglichen, während die Büffelfrau als besonders klug gilt. Die erste Lebenshälfte der beiden verläuft nicht sehr glücklich, dafür meint es das Schicksal im späteren Lebensverlauf mit beiden aber umso besser.

15. Tag: Sowohl der Büffelmann als auch die Büffelfrau werden eine äußerst liebevolle Ehe eingehen.

16. Tag: Büffel, die an diesem Tag geboren wurden, gelten als besonders klug und geschickt. Leider haben Sie keinen Zugriff auf das Familienvermögen. Obwohl sie nicht besonders hart arbeiten, fühlen sie sich relativ schnell gestresst. Sie müssen erst die Unwetter überstehen, bevor sie sich an den Sonnentagen des Lebens erfreuen können. Das große Glück stellt sich also erst später ein.

17. Tag: Das Schicksal meint es anfangs nicht gerade gut mit dem Büffel. Wenn er geduldig ist, wird er mit der Zeit aber hervorragende Leistungen vollbringen.

18. Tag: Der Büffel verlässt sich auf seine Intuition statt auf seine Mitmenschen. Seine Intelligenz macht ihn

stolz. Die Büffelfrau ist im Unterschied zum Büffelmann ein echter Glückspilz. Sie ist sehr gütig und kommt bestens mit ihren Mitmenschen aus. Ein langes und glückliches Leben wartet auf die Büffelfrau.

19. Tag: Anerkennung verhilft dem Büffel zu Wohlstand, sodass er schon im mittleren Alter finanziell abgesichert ist. Im hohen Alter führt er ein angenehmes Leben.

20. Tag: Büffel, die an diesem Tag geboren wurden, arbeiten hart, müssen aber eine Menge einstecken. Wenn sie für ihren Job ihre Heimat verlassen, werden sie mehr verdienen und ein langes und glückliches Leben führen.

21. Tag: Sowohl der Büffelmann als auch die Büffelfrau werden tolle Ehepartner finden. Beide sind flexibel, grübeln viel und lassen sich von der Meinung anderer nicht aus der Ruhe bringen. Wenn sie auch im hohen Alter glücklich sein wollen, sollten sie sich allerdings besser fokussieren.

22. Tag: Ob weiblich oder männlich – beide Büffel sind intelligent und geschickt. Sie halten ihr Versprechen, sind bodenständig und pflegen ihre sozialen Kontakte. Das Glück lässt allerdings auf sich warten. Die Büffel müssen zuerst den Regen überstehen, bevor sich die Sonne blicken lässt. Im hohen Alter werden sie ein Leben in Wohlstand führen.

23. Tag: Der Büffel wechselt häufig seinen Beruf und den Wohnort. Die Büffelfrau hat es um einiges leichter als der Büffelmann und führt ein weitgehend sorgloses Leben.

24. Tag: Glück und Unglück kommen im Wechsel. Büffel, die zu einer günstigen Sternstunde geboren wurden, dürfen sich auf ein zufriedenes Leben freuen, in dem es ihnen an nichts fehlt. Dieses Schicksal ist allerdings nicht jedem Büffel vergönnt, der an diesem Tag geboren wurde: Oft winkt ein größtenteils langweiliges Leben, das auch Sorgen und Belastungen mit sich bringt.

25. Tag: Der Büffelmann wird mit einer bezaubernden Ehefrau beglückt. Er hat einen guten Geschäftssinn und wird eine steile Karriere hinlegen. Die Büffelfrau ist gutherzig, aufgeschlossen und handhabt Familienangelegenheiten auf geschickte Weise. Sie wird früher oder später ein glückliches Leben führen.

26. Tag: Die lebhaften, optimistischen und unbeschwerten Büffel opfern sich bereitwillig für ihre Mitmenschen auf. Das Schicksal meint es gut mit ihnen: Ihre Zukunft ist vielversprechend und sie werden mit besonders liebenswerten Kindern gesegnet sein.

27. Tag: Der Büffelmann verdient Anerkennung für seine Ehrlichkeit. Er arbeitet hart, ist wagemutig, manchmal ein wenig unbeherrscht, aber großzügig. Der Büffel wird in Wohlstand leben und eine liebevolle Ehefrau haben. Die Büffelfrau ist klug und hübsch und wird ebenfalls ein sorgloses Leben führen.

28. Tag: Der Leben des Büffelmannes ist ein einziges Auf und Ab. Immerhin lässt sich nach jeder Pechsträhne auch wieder die Sonne blicken. Das Glück der Büffelfrau ist dagegen konstanter, obwohl auch sie nicht gerade ein Sonntagskind ist.

29. Tag: Büffel, die an diesem Tag geboren wurden, werden oft den Wohnort und Beruf wechseln. Wenn sie bereit sind, ihrer Heimat für die Karriere den Rücken zu kehren, können sie es schnell weit bringen und haben eine vielversprechende Zukunft vor sich.

30. Tag: Der gutherzige Büffel weiß sich sowohl im privaten als auch im beruflichen Umfeld gut zu benehmen. Er wird respektiert und bewundert. Nach jeder Pechsträhne wartet auch wieder das Glück.

Die goldene Haarnadel mit dem Büffelkopf
und dem Hirschgeweih *(Bu Yao)*

Länge: 19,4 cm. Gewicht: 87,37 g.
Haarschmuck aus der Nördlichen Dynastie (386–581).
Chinesisches Nationalmuseum.

Der Legende zufolge steht der Büffel für Wohlstand, da er mit harter
Farmarbeit und guter Ernte in Verbindung gebracht wird. Büffelkopf und
Büffelhorn sind auf der Haarnadel auf sehr lebendige und kunstfertige
Weise herausgearbeitet. Zwischen den beiden Büffelhörnern wachsen
Zweige in Form eines Hirschgeweihs hervor. An jeder der Zweigspitzen
hängt ein goldenes Blatt. Insgesamt gibt es vierzehn Blätter, die bei jeder
Bewegung zu schwingen beginnen.

Zu Zeiten der Wei-Dynastie (220–265), der Jin-Dynastie (265–420)
und der Nördlichen und Südlichen Dynastie (420–589) wurde dieser
Haarschmuck von Frauen getragen. Immer dann, wenn die Frau ihren
Kopf bewegte, klirrten die Blätter. Die goldene Farbe galt nicht nur als mo-
disch, sondern drückte damals auch die soziale Stellung der Trägerin aus.

Das Schicksal des Büffels
nach den verschiedenen Geburtsstunden

23–01 Uhr: Die Familie des Büffels wird in Wohlstand leben. Im Alter wird er ein sorgloses Leben führen. Gesundheitlich wird es ihm weder besonders gut noch besonders schlecht gehen.

01–03 Uhr: Der Büffel ist klug, gelehrt und talentiert. Vor allem das Schreiben liegt ihm. Dennoch mangelt es an Unterstützung, weshalb er seine Ziele nicht erreicht.

03–05 Uhr: Büffel, die zu dieser Uhrzeit geboren wurden, sind nicht besonders gesellig, weshalb sie nicht gerne mit anderen zusammenarbeiten. Oft scheitern ihre Vorhaben. Dank der Unterstützung ihrer Mitmenschen geraten sie trotzdem nie ernsthaft in Not.

05–07 Uhr: Das Leben des Büffels gleicht einer Bahn- und Talfahrt. Er erhält nur wenig Unterstützung von seinen Mitmenschen. Dennoch ist er sehr energisch und beharrlich.

07–09 Uhr: Das Schicksal meint es nicht gerade gut mit dem Büffel, der einige Hürden überwinden muss, um etwas zu erreichen. Er wird nie viele Rücklagen haben, aber doch ein recht komfortables Leben führen.

09–11 Uhr: Neben einer begehrten Position, Glück und Wohlstand wartet ein angenehmes Leben auf den Büffel. Allerdings bekommt er auch oft Neid zu spüren.

11–13 Uhr: Sowohl der Büffelmann als auch die Büffelfrau sollten gut Acht geben, wenn es um die Eheschließung geht.

13–15 Uhr: Obwohl das Leben des männlichen und weiblichen Büffels von zahlreichen Höhen und Tiefen geprägt sein wird, haben beide Ehepartner an ihrer Seite, die sie in jeder Hinsicht unterstützen.

15–17 Uhr: Wer zu dieser Uhrzeit geboren wurde, darf sich auf ein glückliches Schicksal und ein Leben in Wohlstand freuen – selbst auf Pechsträhnen folgt großes Glück. Der Büffel erhält Hilfe von einflussreichen Menschen, wenn es um seine Karriere geht.

17–19 Uhr: Das Leben des Büffels gleicht einer Achterbahnfahrt. Ohne ersichtlichen Grund wird er Geld verlieren.

19–21 Uhr: Weit weg von zu Hause wartet eine großartige Karriere auf den Büffel. Er ist aufgeschlossen und kontaktfreudig, weshalb er an hilfsbereite Menschen gerät, wo auch immer er unterwegs ist, und in Wohlstand lebt. Trotzdem sollte er vorsichtig sein, wenn es zu Konflikten kommt.

21–23 Uhr: Weit weg von zu Hause wird der Büffel Karriere machen. Für seine Familie interessiert er sich kaum.

Kapitel 3

Der Tiger

Viele verbinden den Tiger mit Kraft. Menschen, die im Jahr des Tigers geboren wurden, strahlen in ihrem Verhalten und ihrer Ausdrucksweise eine ganz besondere Erhabenheit aus. Dementsprechend verkörpert der Tiger, das dritte Tierkreiszeichen im Chinesischen Horoskop, Würde und Leidenschaft.

Die Mondjahre des Tigers im Sonnenkalender

4. Februar 1914 bis 4. Februar 1915

4. Februar 1926 bis 4. Februar 1927

4. Februar 1938 bis 4. Februar 1939

4. Februar 1950 bis 3. Februar 1951

4. Februar 1962 bis 3. Februar 1963

4. Februar 1974 bis 3. Februar 1975

4. Februar 1986 bis 3. Februar 1987

4. Februar 1998 bis 3. Februar 1999

4. Februar 2010 bis 3. Februar 2011

4. Februar 2022 bis 3. Februar 2023

4. Februar 2034 bis 3. Februar 2035

3. Februar 2046 bis 3. Februar 2047

Lebensweg

Menschen, die im Jahr des Tigers geboren wurden, mögen zwar nachsichtig und gütig wirken, haben aber eine sehr entschlossene und starke Persönlichkeit. Im Laufe ihres Lebens erleben Tiger zahlreiche Höhen und Tiefen. Vor allem im Erwachsenenalter ist ihr Alltag von Unsicherheit geprägt. Doch es gibt Licht am Ende des Tunnels und dem Tiger öffnen sich einige Türen, sodass er mit etwas Glück ein hohes Ansehen genießen wird – auch im Alter. Der Schlüssel zu einem friedlichen, gesunden Leben liegt in der Bewegung. Generell ist es wichtig zu erwähnen, dass Menschen mit dem Tierkreiszeichen Tiger enorm eigenständig sind und ihren Mitmenschen in Punkto Willensstärke und Risikobereitschaft übertrumpfen. Koordination und Kooperationsbereitschaft zählen allerdings nicht zu ihren Stärken. Zudem hat der Tiger einige Feinde. Um dies zu ändern, sollte er versuchen, sich weniger herrisch zu verhalten.

Persönlichkeit

Menschen mit dem Tierkreiszeichen Tiger sind sehr ambitioniert und selbstbewusst. Sie lieben die Herausforderung, sind besonders tapfer, begeisterungsfähig und mutig. Je frustrierter sie sind, desto größer ist ihr Kampfgeist. Sie geben nicht auf, bis das Ziel erreicht ist. Zudem ordnen sich Tiger nicht gerne unter. Lieber bringen sie andere unter ihre Kontrolle. Ihre ehrliche und korrekte Art macht es ihnen leicht, das Vertrauen ihrer Mitmenschen zu gewinnen. Allerdings knüpft der Tiger nur selten enge Freundschaften, denn trotz intensiven Kontakts zu anderen ist er lieber für sich. Er ist von Natur aus stur, was sich auch in seinem Sozialverhalten äußert.

Beruf und Karriere

Tiger-Persönlichkeiten haben eine sehr majestätische Ausstrahlung, ohne dabei böse zu wirken. Ihr enormes Selbstbewusstsein macht sie zu Anführern. Sie lieben es,

Der vergöttlichte Tiger, der das Böse vertreibt

Dieses Gemälde zeigt ein gängiges Motiv der chinesischen Neujahrsmalerei. Als Untergrund dienten üblicherweise Holzblöcke. Der Tiger wurde stets als der König aller Tiere angesehen, weshalb ihn die Menschen zu ihrem persönlichen Schutzsymbol machten. Seine majestätische Erscheinung löst Ehrfurcht in ihnen aus, und man bringt sein Abbild an der Haustür an, um das Böse abzuhalten, Katastrophen zu verhindern und der Familie Glück und Frieden zu schenken.

das Kommando zu übernehmen und Einfluss auf ihr Umfeld zu nehmen. Anstatt Schritt für Schritt vorzugehen und stumpf den Anweisungen zu folgen, bringen sie sich stets aktiv ein, indem sie Fragen stellen, Ideen vorstellen und unentwegt nach Fortschritt streben. Gibt man dem Tiger einen Job, der über einen langen Zeitraum am immer selben Ort stattfindet, braucht er einen Raum, in dem er seine innovativen Gedankengänge entwickeln und seine Stärken ausspielen kann.

Liebe und Ehe

Wenn es um die Liebe geht, zeigen Menschen mit dem Tierkreiszeichen Tiger ebenso viel Kampfgeist wie das Tier selbst. Sie sind von Natur aus gutherzig und wissen genau, wie sie ihren Ehepartner glücklich machen. Außerdem verhalten sie sich ihren Mitmenschen gegenüber stets großzügig, was ihnen nicht zuletzt viel Wohlwollen des Ehepartners einbringt. Trotzdem möchte der Tiger in einer Beziehung immer das Ruder übernehmen. Seine launenhafte Art sollte er möglichst nicht zu sehr nach außen tragen. Vielmehr sollte er ehrlich und aufrichtig sein und die Beziehungen zu seinen Mitmenschen stärken. Wer im Jahr des Tigers geboren wurde, passt gut zu Menschen mit den Tierkreiszeichen Pferd, Hund oder Schwein. Vor Affen- und Schlangenzeichen sollte sich der Tiger allerdings in Acht nehmen.

Ehe: Welches Tierkreiszeichen passt zum Tigermann?

Der Tigermann mit der Rattenfrau: Wenn die Rattenfrau nachsichtig mit dem risikofreudigen Tiger umgeht, kann diese Beziehung durchaus funktionieren.

Der Tigermann mit der Büffelfrau: Beide sind stur. Deshalb müssen sie sich doppelt anstrengen und Kompromisse eingehen, wenn sie ein gemeinsames Leben führen wollen.

Der Tigermann mit der Tigerfrau: Diese Ehe wird einige Hürden mit sich bringen, da beide einen Hang zur Naivität haben. Dies kann dem Paar bei der Familienplanung zum Verhängnis werden.

Der Tigermann mit der Hasenfrau: Eine ziemlich gute Kombination: Trotz möglicher Streitigkeiten sind die beiden auf einer Wellenlänge. Die Hasenfrau unterstützt ihren Ehemann, wo sie nur kann, und ist zugleich eine fürsorgliche Mutter.

Der Tigermann mit der Drachenfrau: Die beiden werden eine glückliche Ehe führen. Sowohl der Tigermann als auch die Drachenfrau haben eine starke Persönlichkeit und unterstützen einander, wo sie nur können. Vor allem die Drachenfrau stärkt ihrem Gatten immer den Rücken, wenn es um dessen Karriere geht.

Der Tigermann mit der Schlangenfrau: Beide müssen versuchen, viel Verständnis füreinander aufzubringen. Andernfalls wird es schwierig, ein glückliches Familienleben zu führen.

Der Tigermann mit der Pferdefrau: Dieses Paar wird eine ziemlich glückliche Ehe führen. Ihre Kinder werden einmal liebevoll für die beiden sorgen.

Der Tigermann mit der Schaffrau: Beide sollten sich bemühen, Missverständnisse und Streitigkeiten zu vermeiden. Ansonsten wird ihre Liebe unter all der Wut leiden.

Der Tigermann mit der Affenfrau: Zwischen den beiden kommt es sehr schnell zu Konflikten – vor allem, wenn es um Geld und Besitz geht.

Der Tigermann mit der Hahnenfrau: Das perfekte Paar. Ihre Ehe kann ein Leben lang halten.

Der Tigermann mit der Hundefrau: Dieses Paar kann sich auf ein glückliches gemeinsames Eheleben freuen. Die beiden unterstützen einander, wo sie nur können.

Der Tigermann mit der Schweinefrau: Diese Beziehung kann durchaus funktionieren. Obwohl der Tigermann die Schweinefrau mit seinem beleidigenden Verhalten manchmal ein wenig verletzt und sie sich hin und wieder unwohl fühlt, bewundert sie ihren Ehemann und bringt die nötige Geduld mit, sich seiner anzunehmen.

Ehe: Welches Tierkreiszeichen passt zur Tigerfrau?

Die Tigerfrau mit dem Rattenmann: Die Tigerfrau ist eine Träumerin, was es dem Rattenmann schwer macht, ihre Bedürfnisse zu befriedigen. Dadurch sind Konflikte vorprogrammiert.

Die Tigerfrau mit dem Büffelmann: Tigerfrau und Büffelmann können nur dann eine glückliche Ehe führen, wenn der Büffel seinen Kontrollzwang ablegt.

Die Tigerfrau mit dem Tigermann: Beide müssen weise handeln, damit diese Beziehung funktioniert.

Die Tigerfrau mit dem Hasenmann: Sowohl die Tigerfrau als auch der Hasenmann müssen große Anstrengungen unternehmen, um eine glückliche Ehe zu führen. Die komplizierte Persönlichkeit der Tigerfrau in Kombination mit dem empfindlichen Hasen ist nämlich nicht gerade unproblematisch.

Die Tigerfrau mit dem Drachenmann: Trotz einiger Rückschläge werden die beiden eine glückliche Ehe führen. Der Drachenmann versteht die Tigerfrau, und diese wiederum nimmt gerne die Ratschläge ihres Ehemanns an.

Die Tigerfrau mit dem Schlangenmann: Da die beiden unterschiedliche Ziele und Interessen verfolgen, fällt es ihnen schwer, miteinander zu kommunizieren.

Die Tigerfrau mit dem Pferdemann: Das perfekte Paar! Die beiden werden ein glückliches Eheleben führen.

Die Tigerfrau mit dem Schafmann: Diese Ehe wird von Konflikten und Eintönigkeit begleitet.

Die Tigerfrau mit dem Affenmann: Beide gehen zu kritisch mit dem jeweils anderen um. Ein gutes Paar sind Tigerfrau und Affenmann bei Weitem nicht.

Die Tigerfrau mit dem Hahnenmann: Ein buntes Leben liegt vor dem Paar. Gleichzeitig werden die beiden aber auch auf die Probe gestellt.

Die Tigerfrau mit dem Hundemann: Die beiden können ein glückliches Eheleben führen. Von Zeit zu Zeit geraten aber sowohl Tigerfrau als auch Hundemann auf Abwege, da beide eine träumerische Vorstellung vom Leben haben.

Die Tigerfrau mit dem Schweinemann: Ein gemeinsames harmonisches Leben ist möglich, solange die Tigerfrau die Gutmütigkeit des Schweinemanns nicht unbewusst ausnutzt und ihn somit verletzt.

Reichtum und Wohlstand

Menschen, die im Jahr des Tigers geboren wurden, streben in erster Linie nicht nach Geld, sondern nach spiritueller Erkenntnis. Woher ihr Geld kommt, ist ihnen relativ gleichgültig. Sie machen sich aufgrund ihrer guten Rücklagen generell keine Sorgen um ihre finanzielle Lage. Ihr Wohlstand richtet sich in der Regel nach den Idealen und Zielen, die sie verfolgen – denn dann kommt das Geld ganz von allein. Menschen mit dem Tierkreiszeichen Tiger sind großzügig und optimistisch. Obwohl sie ganz gut verdienen, verändert sich ihr Kontostand am laufenden Band. Dabei schlummert ein wahnsinniges Potenzial im Tiger: Er sollte seinen guten Riecher für Finanzen ausnutzen, sich mit wirtschaftlichen Themen befassen und investieren.

Das Schicksal des Tigers
in den verschiedenen Tierjahren

Das Jahr der Ratte: Leider kommen mehr unangenehme als schöne Situationen auf den Tiger zu. Er sollte öfter zu Hause bleiben, sich auf sich selbst konzentrieren und ein wenig bodenständiger werden.

Das Jahr des Büffels: Dieses Jahr steckt voller Möglichkeiten. Das Schicksal meint es gut mit den Tigern. Sie sollten keine Zeit verlieren und jede Chance ergreifen. Zu Beginn des Jahres ist allerdings ein wenig Vorsicht geboten.

Das Jahr des Tigers: Dieses Jahr ist geprägt von Unsicherheit, weshalb der Tiger oft schlecht gelaunt ist.

Das Jahr des Hasen: Ein vielversprechendes Jahr liegt vor dem Tiger. Das muss er ausnutzen. Allerdings sollte er trotz seiner Glückssträhne nicht abheben. Wie wäre es stattdessen mit ein paar guten Taten?

Das Jahr des Drachen: Leider durchlebt der Tiger in diesem Jahr eine echte Pechsträhne. Auch, wenn es zwischendurch mal gut läuft, schafft er es durch das ständige Auf und Ab kaum, seine Ziele zu erreichen. Am besten konzentriert er sich ganz auf sich selbst und setzt vorsichtig einen Fuß vor den anderen, um das Jahr unbeschadet zu überstehen.

Das Jahr der Schlange: Der viele Aufwand lohnt sich oft nicht. Zum Glück bieten sich immer wieder neue Möglichkeiten, sodass sich die Mühen und Anstrengungen des Tigers am Ende doch noch auszahlen.

Das Jahr des Pferdes: Das Jahr verläuft ohne Schwierigkeiten. Allerdings sollte der Tiger nicht ins Extreme abdriften und sich vor Menschen hüten, die womöglich Hintergedanken haben.

Das Jahr des Schafs: Obwohl der Tiger nicht gerade in Saus und Braus lebt und mit kleineren gesundheitlichen Problemen zu kämpfen hat, geht alles seinen Gang. In diesem Jahr sollte er sich ein wenig zurücknehmen, um Beständigkeit in seinen Alltag zu bringen, und versuchen, neue Freunde zu gewinnen, anstatt sich Feinde zu machen.

Das Jahr des Affen: In diesem Jahr fällt es dem Tiger schwer, etwas zu erreichen.

Das Jahr des Hahns: Jedes Unglück kann sich noch zum Guten wenden. Trotzdem sollte sich der Tiger in diesem Jahr ein wenig zurücknehmen und den Erfolg nicht erzwingen.

Tigerkopfschuhe

Diese Kinderschuhe zählen zum traditionellen chinesischen Kunsthandwerk. Die Zehenkappen zeigen reich verzierte Darstellungen von Tigerköpfen. Doch damit nicht genug: Neben Schuhen gibt es auch Mützen, Kissen und Stofffiguren mit dem Tigermotiv. Die Kunstobjekte sind nicht nur von künstlerischem Wert und praktischem Nutzen, sondern auch Glücksbringer. Die chinesische Tradition besagt nämlich, dass sie Geister und Unheil abwehren. Außerdem glaubt man, dass die Tigerobjekte Kinder beschützen und dafür sorgen, dass diese gesund aufwachsen.

Das Jahr des Hundes: Alles geht seinen Gang. Solange der Tiger gut auf seine Gesundheit achtet, wird er ein sorgloses Jahr erleben.

Das Jahr des Schweins: Es wird Zeit, dass der Tiger sein Schicksal selbst in die Hand nimmt. Er sollte seine Vorhaben in diesem Jahr frühzeitig planen und besonders vorsichtig sein.

Das Schicksal des Tigers nach den verschiedenen Geburtsmonaten des Mondkalenders

1. Mondmonat: Menschen, die in diesem Monat geboren wurden, sind für ihr reines Herz und ihre aufrichtige Art bekannt. Ihr starker Charakter wird ihnen Ruhm und Wohlstand einbringen.

2. Mondmonat: Menschen, die in diesem Monat geboren wurden, sind gewissenhaft und kümmern sich liebevoll um ihre Eltern. Sie gelten als intelligent und talentiert und werden nicht nur zu Hause als Vorbild angesehen, sondern erhalten auch von anderen eine Menge Respekt.

3. Mondmonat: Menschen, die in diesem Monat geboren wurden, wachsen in schwierigen Verhältnissen auf. Im Jugend- und Erwachsenenalter finden sie dann aber ihren Weg und machen schnell Karriere. Was auch immer sie sich vornehmen, sie werden große Erfolge erzielen, die auch in den Augen ihrer Mitmenschen sehr erstrebenswert sind.

4. Mondmonat: Menschen, die in diesem Monat geboren wurden, fällt alles in den Schoß. Sie werden in Wohlstand leben und stets einen größtenteils sorglosen, geruhsamen Alltag genießen.

5. Mondmonat: Tiger dieses Geburtsmonats sind ungemein mutig und gebildet, aber auch enorm tem-

peramentvoll. Sie können sehr erfolgreich werden dank ihrer großen Kraft. Dabei treten sie anderen allerdings gerne mal auf die Füße und es kommt zu Streitigkeiten.

6. Mondmonat: Der Tiger muss sich auf viele Höhen und Tiefen gefasst machen. Dabei bietet sich ihm kaum die Gelegenheit, erfolgreich zu werden. Trotz großartiger Ambitionen erhält er keine Unterstützung von außen. Das macht es ihm schwer, seine Ziele zu erreichen.

7. Mondmonat: Der Tiger ist charakterstark und sprüht vor Energie. Leider kommt er aus schwierigen familiären Verhältnissen, weshalb er keine besonders fröhliche Kindheit erlebt. Im Erwachsenenalter wird sich der Tiger aber mit einer steilen Karriere von seiner Familie abheben.

8. Mondmonat: Menschen, die in diesem Monat geboren wurden, sind von Natur aus aufgeweckt, außergewöhnlich klug und ungemein gebildet. Sie haben eine gute Auffassungsgabe und werden ihr Leben lang bewundert.

9. Mondmonat: Dieser Tiger ist ein echter Bücherwurm. Er gilt als eingebildet und ist nicht sehr praktisch veranlagt. Nur selten erhält er Unterstützung von anderen und muss einige Rückschläge einstecken.

10. Mondmonat: Menschen, die in diesem Monat geboren wurden, sind besonders klug. Sie wissen, was wahre Freundschaft bedeutet, sind für ihre sanfte Persönlichkeit bekannt und haben ein gutes Benehmen. Allerdings werden sie nur wenige ihrer Ziele erreichen, und das, obwohl sie ihr Leben lang hart arbeiten.

11. Mondmonat: Dieser Tiger ist ein echtes Arbeitstier und das schon in jungen Jahren. Obwohl es in seiner Karriere nicht immer rund läuft, genießt er ein sorgloses Leben.

12. Mondmonat: Vorsicht ist gefragt, denn nicht alle meinen es gut mit diesem Tiger. Er erhält kaum Unterstützung von seinen Mitmenschen und muss immer wieder Rückschläge hinnehmen. Der Tiger sollte achtsam sein und versuchen, sich mit seinen Kollegen gutzustellen und neue Freunde zu gewinnen. Nur so kann er in seiner Karriere erfolgreich werden.

**Bogenförmiger Jade-Anhänger
mit Tigerkopf-Verzierung**

Länge: 11,9 cm. Breite: 1,9 cm. Dicke: 0,5 cm. Farbe: grau/weiß mit gelben Akzenten.
Jadeschmuck aus der neolithischen Liangjiatan-Kultur.
Liangjiatan-Stätte, Hanshang, Provinz Anhui, Grab Nr. 8.
Institut für Kultur und Archäologie der Provinz Anhui.

Bei diesem Objekt handelt es sich um den ersten bekannten Anhänger in Bogenform. Das flache Schmuckstück ist an beiden Enden mit einem Tigerkopf versehen. Augen, Nase, Ohren und die ausgefahrenen Krallen sind gut sichtbar. Die Fellstreifen werden in Form von Einschnitten auf dem Anhänger dargestellt. In Liangjiatan wurden noch vier weitere bogenförmige Anhänger ausgegraben, die auf die große Ehrfurcht der Kultur vor dem Tiger schließen lassen.

Das Schicksal des Tigers nach den verschiedenen Geburtstagen des Mondkalenders

1. Tag: Der Tiger ist unglaublich klug und steckt voller Energie. In seinen ersten Lebensjahren meint es das Schicksal nicht gerade gut mit ihm. Dafür folgt im Erwachsenenalter eine echte Glückssträhne.

2. Tag: Schon in jungen Jahren hat der Tiger eine Menge Glück und führt ein angenehmes Leben. Im Erwachsenenalter wird er allerdings einige Rückschläge erleiden. Der Tiger kommt gut mit anderen aus, was nicht zuletzt an der Unterstützung einflussreicher Menschen liegt.

3. Tag: Der Tiger ist talentiert, weise, klug und tugendhaft. Er wird ein glückliches Ehe- und Familienleben führen.

4. Tag: Tiger, die an diesem Tag geboren wurden, werden eine Menge Unterstützung von ihren Ehepartnern erhalten. Sie sollten gut auf ihre eigene Gesundheit und die der Ehefrau oder des Ehemanns achten.

5. Tag: Der gutherzige, aufrichtige Tiger wird in einfachen Familienverhältnissen aufwachsen. Für seine Zukunft, die im Übrigen sehr vielversprechend ist, verlässt er sein heimisches Nest.

6. Tag: Der Tiger wird eine schwere Kindheit haben. Auf seine Familie kann er sich nicht verlassen, er muss sich selbst durchschlagen und hart arbeiten. Das zahlt sich aus: Am Ende des Tunnels ist Licht in Sicht. Außerdem wird sich der Tiger stets bester Gesundheit erfreuen.

7. Tag: Der Tigermann lebt ein glückliches Leben in Wohlstand. Zwar läuft es in seinen jungen Jahren noch etwas holprig, im Erwachsenenalter meint es das Schicksal aber besonders gut mit ihm. Er wird zweifellos Erfolg haben.

8. Tag: Trotz seiner Intelligenz fehlt es dem Tiger an Fingerspitzengefühl. Das Schicksal meint es leider gar

nicht gut mit ihm. Seine Ziele kann er nur erreichen, wenn er Unterstützung erhält.

9. Tag: Der Tiger ist genügsam und arbeitet hart. Das bringt ihm allerdings nur noch mehr harte Arbeit ein. Nachdem seine ersten Jahre nicht allzu glücklich verlaufen, wird er im Alter ein angenehmes Leben führen.

10. Tag: Tiger, die an diesem Tag geboren wurden, treffen öfter auf hilfsbereite Menschen als auf solche, die niederträchtige Hintergedanken haben. Es fällt ihnen leicht, ihre Ziele zu erreichen und sie leben ein rundum perfektes Familienleben. Auch in der Karriere geht es steil bergauf.

11. Tag: Der Tigermann gilt als sehr attraktiv, und auch die Tigerfrau ist bildhübsch. Beide sind aufrichtig, ehrlich und freundlich. Obwohl ihre ersten Lebensjahre nicht besonders glücklich verlaufen, dürfen sie sich im Erwachsenenalter auf eine unbeschwerte Zeit und ein Leben in Wohlstand freuen.

12. Tag: Der Tigermann sollte seine Heimat verlassen, um zum Glück zu finden. Die Tigerfrau wird einige Hürden überwinden und Sorgen ertragen müssen. Zum Glück glätten sich die Wogen im Erwachsenenalter schließlich.

13. Tag: Tiger, die an diesem Tag geboren wurden, gelten als außerordentlich intelligent und sind mit einem besonderen künstlerischen Talent gesegnet – eine Eigenschaft, die ihnen Ruhm und Wohlstand einbringt.

14. Tag: In seinen ersten Lebensjahren muss der Tiger eine Pechsträhne nach der anderen über sich ergehen lassen. Er überwindet zahlreiche Hürden und meistert Schwierigkeiten, indem er hart arbeitet und noch einmal ganz von vorn beginnt. Aus den Steinen, die er in den Weg gelegt bekommt, baut er sich etwas Schönes und wird im Alter mit einem angenehmen Leben belohnt.

15. Tag: Tiger, die an diesem Tag geboren wurden, sind zwar intelligent, aber auch sehr aufbrausend, launisch und stur. Die Beziehung zu ihrem Vater und ihren Brüdern gestaltet sich schwierig.

16. Tag: Der wohlhabende Tiger genießt einen guten Ruf und führt ein aufregendes Leben.

17. Tag: Zwar bieten sich dem Tiger viele Möglichkeiten – das Schicksal meint es aber gar nicht gut mit ihm, weshalb er ein recht unbeständiges Leben führt.

18. Tag: Der Tiger wird mit einer erfüllenden Ehe gesegnet und führt vor allem im Alter ein glückliches Leben. Vor Eintritt in das Erwachsenenalter tut sich allerdings nicht besonders viel.

19. Tag: Tiger, die an diesem Tag geboren wurden, sind von Natur aus klug. Vertrauen ist ihnen sehr wichtig, und sie handeln stets bodenständig. Ihre erste Lebenshälfte verläuft relativ ereignislos. Danach wird es ihnen finanziell sehr gut gehen.

20. Tag: Der aufrichtige und ehrliche Tiger vollbringt gerne gute Taten. In seinen ersten Lebensjahren muss er viel durchmachen und sich auf einige kleinere, jedoch unvermeidbare Tragödien gefasst machen.

21. Tag: Eine bessere Kindheit könnte sich der Tiger kaum wünschen. In seinen Jugendjahren muss er allerdings harte Zeiten durchmachen, die von zahlreichen Höhen und Tiefen geprägt sind. Was seine Karriere betrifft, so muss er sich von ganz unten hocharbeiten.

22. Tag: Da der Tiger keinen besonders starken Willen hat und oft verunsichert ist, wechselt er häufig seinen Job und den Wohnort. Nachdem er eine harte Kindheit durchlebt hat, meint es das Schicksal im Erwachsenenalter besser mit ihm.

23. Tag: Der intelligente und gutherzige Tiger übt eine Menge Einfluss auf andere aus und verfügt über ein beträchtliches Vermögen.

24. Tag: Nach einer stürmischen Zeit glätten sich die Wogen. Nach Eintritt ins Erwachsenenalter wartet mit hoher Wahrscheinlichkeit der Erfolg: Der Tiger wird nicht nur bekannt, sondern auch reich.

25. Tag: Nachdem der Tiger einige Tiefen übersteht, ist der Rest seines Weges ein Kinderspiel.

26. Tag: In seiner Kindheit muss der Tiger einige Tragödien erleiden. Seine Jugend verläuft relativ ereignislos. Leider hat er weder Freunde noch eine Familie, auf die er sich verlassen kann.

27. Tag: Tiger, die an diesem Tag geboren wurden, sind echte Glückspilze. Alle Türen stehen ihnen offen, sie werden befördert und gehen ihren Weg. Das Schicksal meint es gut mit ihnen, sie werden eine glückliche Ehe führen und viele Kinder bekommen.

28. Tag: Obwohl der Tiger mit einer starken Persönlichkeit und einer Menge Mut gesegnet ist, fehlt es ihm an Weisheit. Deshalb stößt er häufig auf Probleme und pflegt kein besonders inniges Verhältnis zu seiner Familie.

29. Tag: Obwohl der Tiger aus völlig normalen Verhältnissen stammt, wird er erfolgreich, nachdem er seine Heimat verlässt. Dies hat er nicht zuletzt einigen Menschen zu verdanken, die ihm die Türen zu unendlichen Möglichkeiten öffnen. Nachdem sein erster Lebensabschnitt relativ ereignislos verlief, meint es das Schicksal im mittleren und hohen Alter gut mit ihm und auch finanziell wird es ihm und seiner Familie an nichts fehlen.

30. Tag: Tiger, die an diesem Tag geboren wurden, bauen sich ein eigenes Unternehmen auf. Viele Kinder werden sie allerdings nicht bekommen.

Das Schicksal des Tigers
nach den verschiedenen Geburtsstunden

23–01 Uhr: Der Tiger muss sein Leben lang eine Menge einstecken und geht durch viele Höhen und Tiefen. Obwohl er sich hohe Ziele steckt, bleibt der Erfolg aus. Zwar arbeitet er hart, allerdings fehlt es ihm an Begabung.

01–03 Uhr: Der Tiger ist stets fröhlich und hat immer Menschen an seiner Seite, die ihm dabei helfen, das Unglück abzuwenden. So gelingt es ihm, aus jeder schwierigen Situation das Beste zu machen und all seine Ziele zu erreichen. Er ist klug, schlagfertig, aufgeschlossen und nachsichtig. Wenn ihm etwas gegen den Strich geht, bleibt er gelassen oder nimmt die Situation sogar mit Humor. Tiger, die zu dieser Uhrzeit geboren wurden, haben allerdings mit kleineren gesundheitlichen Problemen zu kämpfen.

03–05 Uhr: Der intelligente, aufgeweckte und flexible Tiger hat ein ungemein gutes Gedächtnis und ist sehr gebildet. Das bringt ihm stets eine Menge Respekt ein. Seine ersten Lebensjahre sind jedoch sehr hart, da er keine Unterstützung von seiner Familie erhält. Er arbeitet sich ganz allein nach oben.

05–07 Uhr: Tiger, die zu dieser Uhrzeit geboren wurden, sind romantisch und achten sehr auf ihr Äußeres. Allerdings sind sie nicht besonders zielstrebig. Auch das Privileg ihres attraktiven Erscheinungsbildes und ihrer Klugheit machen sie sich nicht zunutze.

07–09 Uhr: Obwohl der Tiger sein Leben lang hart arbeitet, hat er selten Erfolg – und das trotz seiner Intelligenz, seiner Schlagfertigkeit und seiner Bildung. Er erlebt zahlreiche Tragödien, die ihn aber nicht großartig aus der Fassung bringen. Zwar kann er durchaus überragende Leistungen bringen, allerdings nur dann, wenn er seine Heimat nicht verlässt. Der Tiger erfreut sich bester Gesundheit. Krank wird er nur selten.

09–11 Uhr: Der Tiger erlebt eine Menge Höhen und Tiefen. Aussichten auf Erfolg bieten sich dabei kaum. Er stammt aus schwierigen Familienverhältnissen und hat keine besonders enge Beziehung zu seinen Brüdern. Zumindest in seiner erfüllten Ehe bekommt er viel Liebe zu spüren. Er ist engstirnig, schaut den lieben langen Tag sehr finster drein und verhält sich selbst bei Kleinigkeiten wie ein Erbsenzähler.

11–13 Uhr: Der gerechte und würdevolle Tiger besitzt nicht nur ausgesprochen viel Mut, sondern auch erstaunliche Talente. Diese Eigenschaften befördern ihn an die Spitze der Gesellschaft, zu der er Zeit seines Lebens viel beiträgt und daher von allen respektiert wird. Er verhält sich seinen Eltern gegenüber sehr aufopfernd und ist zudem ein unglaublich liebevoller Ehepartner.

13–15 Uhr: Jede Pechsträhne, die der Tiger durchlebt, verwandelt sich unweigerlich zu einer Chance. Dadurch ist es ihm möglich, ein unbeschwertes Leben zu leben und all seine Erfolge zu genießen – nicht zuletzt auch durch die viele Hilfe, die er von anderen erhält. Von seinen Eltern bekommt er hingegen kaum Unterstützung. Daher muss er sich selbst durchkämpfen, um seine Karriere ins Rollen zu bringen.

15–17 Uhr: Tiger, die zu dieser Zeit geboren wurden, sollten ihre Heimat verlassen, um beruflich erfolgreich zu werden. Sie sind gewissenhaft, ehrlich und hegen niemals böse Absichten gegen andere Menschen. Für ihren Job setzen sie sich großen Belastungen und Gefahren aus und bekommen dafür Anerkennung von ihren Vorgesetzten, werden befördert und gelten als großes Vorbild. Trotz einer Verletzung, die sich der Tiger auf der Arbeit zuzieht, muss er sich keine Sorgen machen. Wahrscheinlich wird seine Zukunft dadurch nur noch schillernder.

17–19 Uhr: Der Tiger ist dazu bestimmt, glücklich zu sein. Er gilt als geschickt, unglaublich tüchtig, klug und flexibel. Wenn er im richtigen Monat geboren wurde, wird er zweifellos zur Spitze der Gesellschaft gehören und man wird ihm eine Menge Respekt und Liebe entgegenbringen. Trotzdem wird er mit kleineren Krankheiten zu kämpfen haben und im Laufe seines Lebens einige Höhen und Tiefen durchleben. Zum Glück erhält er viel Unterstützung, sodass sich jede Pechsträhne schließlich zu einer Chance entwickelt.

19–21 Uhr: Der Tiger wächst in armen Verhältnissen auf und erlebt eine harte Kindheit und Jugend. Er gilt als klug und geschickt und ist mit einzigartigen Talenten gesegnet. Außerdem ist er besonders anpassungsfähig und kann sich sprachlich gut ausdrücken. Mit Eintritt ins Erwachsenenalter wird er allmählich wohlhabend und bildet sich stets weiter.

21–23 Uhr: Der Tiger hat eine Menge Talente, erhält aber kaum Unterstützung von anderen. Deshalb muss er hart arbeiten und auf sich selbst vertrauen, wobei der große Erfolg jedoch oft ausbleibt. In seiner zweiten Lebenshälfte wendet sich das Blatt und die Anstrengung zahlt sich aus. Sein Erfolg hält allerdings nicht lange an. Dies ist wahrscheinlich auch einer der Gründe für seinen ungesunden Lebensstil.

Kapitel 4

Der Hase

Der Hase wurde in China schon immer als Glückssymbol angesehen. Ein gutes Beispiel hierfür ist die Geschichte des Jade-Kaninchens im Mondpalast, die bereits seit mehreren Jahrtausenden überliefert wird. Laut der Legende gilt der Hase als die Seele des Mondes. Somit steht das vierte Tierkreiszeichen für Zärtlichkeit.

Die Mondjahre des Hasen im Sonnenkalender

5. Februar 1915 bis 4. Februar 1916

5. Februar 1927 bis 4. Februar 1928

5. Februar 1939 bis 4. Februar 1940

4. Februar 1951 bis 4. Februar 1952

4. Februar 1963 bis 4. Februar 1964

4. Februar 1975 bis 3. Februar 1976

4. Februar 1987 bis 3. Februar 1988

4. Februar 1999 bis 3. Februar 2000

4. Februar 2011 bis 3. Februar 2012

4. Februar 2023 bis 3. Februar 2024

4. Februar 2035 bis 3. Februar 2036

4. Februar 2047 bis. 3 Februar 2048

Lebensweg

Menschen, die im Jahr des Hasen geboren wurden, legen viel Wert auf Mitgefühl und Fürsorge. Freundschaft steht für sie an erster Stelle. Ihr Leben verläuft relativ geradlinig – Höhen und Tiefen gibt es kaum. Menschen mit dem Tierkreiszeichen Hase streben außerdem permanent nach Fortschritt. Dabei ist ihnen Stabilität jedoch sehr wichtig. Den Höhepunkt ihrer Karriere erreichen sie im mittleren Erwachsenenalter. Bis ins hohe Alter führen sie ein sorgloses Leben. Solange der Hase versucht, aus schwierigen Situationen zu lernen, wird er im Erwachsenenalter höchstwahrscheinlich beruflichen Erfolg haben.

Persönlichkeit

Menschen mit dem Tierkreiszeichen Hase sind sensibel, scharfsinnig, ausgeglichen und ruhig, optimistisch, begeisterungsfähig und außerdem echte Frohnaturen. Zudem gelten sie als höflich und nachdenklich und werden oft privilegiert behandelt. Eingeschränkt zu werden, mögen sie gar nicht. Sie verfolgen stets ihre Ideale und sind echte Trendsetter. Oft scheitern ihre Vorhaben aber bei der Umsetzung, weshalb es dem Hasen schwerfällt, seine Ziele zu erreichen. Er sollte versuchen, sich nicht zu sehr von seinen Gefühlen mitreißen zu lassen und stattdessen offener auf andere zuzugehen.

Beruf und Karriere

Menschen, die im Jahr des Hasen geboren wurden, haben einen besonderen Sinn für Kunst. Deshalb bietet sich vor allem ein Beruf im Bereich der schönen Künste an, sei es in der Literatur, Architektur oder Musik. Auch Jobs, in denen Sorgfalt und eine gute Beobachtungsgabe erforderlich sind, eignen sich für den Hasen. Aufgrund seiner kontaktfreudigen Art kommt aber auch eine Anstellung in der Öffentlichkeitsarbeit infrage.

Liebe und Ehe

Menschen mit dem Tierkreiszeichen Hase wirken sehr verletzlich, weshalb emotionale Konflikte sie schnell aus der Bahn werfen. Sie sollten sich vor der dritten Person in Acht nehmen, die in ihre Ehe involviert ist. Auch, wenn es um das erste Date geht, sollte der Hase vorsichtig sein, damit er keinen Fehler begeht und später betrogen wird. Sowohl das Schaf als auch das Schwein, der Hund und der Hase könnten ein passender Partner für den Hasen sein. Von der Ratte, dem Hahn, dem Drachen und dem Büffel sollte er sich hingegen fernhalten.

Ehe: Welches Tierkreiszeichen passt zum Hasenmann?

Der Hasenmann mit der Rattenfrau: Die beiden passen nicht gut zusammen. Der Hasenmann ist gesellig und stellt seine Familie und seine Ehefrau häufig hintan. Die Rattenfrau fühlt sich daher oft vernachlässigt.

Der Hasenmann mit der Büffelfrau: Der Mann sollte bereit sein, den Regeln seiner Frau zu folgen. Das Ergebnis: ein Familienleben, das durch stille Übereinstimmungen funktioniert.

Der Hasenmann mit der Tigerfrau: Diese Ehe ist zum Scheitern verurteilt, da die Tigerfrau eine sehr komplizierte Persönlichkeit hat, wohingegen der Hasenmann eher sensibel ist: Konflikte sind vorprogrammiert.

Der Hasenmann mit der Hasenfrau: Die Hasen können ein beinahe perfektes Eheleben führen, wenn beide bereit sind, ihre naiven Vorstellungen aufzugeben.

Der Hasenmann mit der Drachenfrau: Die beiden führen ein ganz normales Eheleben. Die Drachenfrau sollte allerdings bereit sein, Opfer für ihren Mann zu bringen und zu Hause zu bleiben. Für sie wird es eine echte Herausforderung, nicht in Langeweile zu versinken.

Der Hasenmann mit der Schlangenfrau: Eigentlich führen die beiden ein durchschnittliches Eheleben. Allerdings können schnell Konflikte entstehen, da sich beide gerne mal zurückziehen und daher besonders aufeinander Rücksicht nehmen müssen.

Der Hasenmann mit der Pferdefrau: In dieser Liebe stellt die Pferdefrau die Bedingungen. Trotzdem ist ihr der Hasenmann ein loyaler Freund.

Der Hasenmann mit der Schaffrau: Die perfekte Ehe. Der Hase ist zutiefst beeindruckt von der blühenden Fantasie seiner Gattin. Außerdem sind beide künstlerisch talentiert und temperamentvoll, was sie noch enger zusammenschweißt.

Der Hasenmann mit der Affenfrau: In dieser intensiven Beziehung wird es nie langweilig. Aufgrund der positiven Denkart der beiden geht es bei dem Paar oft lustig zu und gegenseitige Neckereien stehen an der Tagesordnung. Dabei sollten sie aber darauf achten, nicht zu weit zu gehen.

Der Hasenmann mit der Hahnenfrau: Dieses Zusammenleben kann nur dann langfristig funktionieren, wenn der Hasenmann seine depressiven Verstimmungen in den Griff bekommt.

Der Hasenmann mit der Hundefrau: Sie führen das perfekte Eheleben. Der Hasenmann ist ungemein glücklich mit der Hundefrau. Er weiß ihre Ehrlichkeit sehr zu schätzen. Im Gegenzug kompensiert er mit seinen Stärken die ein oder andere Schwäche seiner Frau.

Jade-Anhänger in Form eines Hasen

Länge: 10 cm. Breite: 5,8 cm. Durchmesser: 0,5 cm.
Farbe: gelb / braun.
Jadeschmuck aus der späten Shang-Dynastie (1600–1046 v. Chr.).
Grab der Fu Hao, Anyang, Provinz Henan.
Institut für Archäologie der Chinesischen Akademie
der Sozialwissenschaften.

Die ersten Jade-Anhänger in Hasenform gehen auf die Shang-Dynastie (1600–1046 v. Chr.) zurück. Auch in der Zhou-Dynastie (1046–256 v. Chr.) waren diese Schmuckstücke weitverbreitet. Das Objekt ist flach und zeigt einen hoppelnden Hasen, dessen Kopf leicht angehoben ist. Charakteristisch sind seine runden Augen und der geöffnete Mund. Die Zunge des Hasen ragt leicht heraus. Die Nase ist in das Material eingraviert, die Ohren zeigen nach hinten. Die Blume ist dick und gedrungen und die Pfoten samt Krallen sind nach vorn gerichtet. Durch den vorderen Fuß ist ein Loch gebohrt.

Der Hasenmann mit der Schweinefrau: Die beiden führen eine recht glückliche Ehe. Dies liegt vor allem an der genügsamen Schweinefrau, die mit einem durchschnittlichen Leben völlig zufrieden ist.

Ehe: Welches Tierkreiszeichen passt zur Hasenfrau?

Die Hasenfrau mit dem Rattenmann: Diese Kombination ist nicht ratsam, da die Hasenfrau dem Rattenmann oft wehtut. Dieser wiederum ist kaum kompromissbereit, was zu Konflikten zwischen den beiden führt.

Die Hasenfrau mit dem Büffelmann: Solange die Hasenfrau bereit ist, Kompromisse einzugehen, können die beiden ein glückliches Leben führen.

Die Hasenfrau mit dem Tigermann: Obwohl diese Beziehung von Zeit zu Zeit Unmut hervorrufen kann, sind die beiden auf einer Wellenlänge und die Hasenfrau sorgt gut für ihren Mann, sodass diese Ehe trotz allem ziemlich glücklich verlaufen kann.

Die Hasenfrau mit dem Hasenmann: Solange beide wohlüberlegte Entscheidungen treffen, können sie eine ziemlich glückliche Ehe führen.

Die Hasenfrau mit dem Drachenmann: Die fröhliche Hasenfrau ist sehr gesellig. Das kommt dem Drachenmann zugute, wenn es darum geht, seine Karriere anzukurbeln.

Die Hasenfrau mit dem Schlangenmann: Diese Ehe verläuft eher durchschnittlich. Für die Hasenfrau wird es von Vorteil sein, den Schlangenmann mit ihrer Zärtlichkeit zu bändigen.

Die Hasenfrau mit dem Pferdemann: Eine glückliche Ehe steht den beiden bevor. Die Hasenfrau schenkt ihrer Familie Wärme und Glück, was dem Pferdemann sehr gefällt.

Die Hasenfrau mit dem Schafmann: Diese Ehe verläuft durchschnittlich. Der Schafmann hat es allerdings auf das Geld der Hasenfrau abgesehen.

Die Hasenfrau mit dem Affenmann: Sofern die Hasenfrau den Affenmann nicht zu sehr einschränkt, werden die beiden eine glückliche Familie gründen.

Die Hasenfrau mit dem Hahnenmann: Diese Ehe wird für immer halten – solange einer der beiden nachsichtig ist. Genau daran werden allerdings viele Paare scheitern.

Die Hasenfrau mit dem Hundemann: Die beiden können ein glückliches gemeinsames Leben führen. Die Hasenfrau beglückt ihren Ehemann mit einem harmonischen Familienleben.

Die Hasenfrau mit dem Schweinemann: Das perfekte Glück wartet auf die beiden, vorausgesetzt, der Schweinemann lässt die Finger von anderen Frauen. Bei diesem Thema sollte die Hasenfrau allerdings ein wenig nachsichtig sein und ihrem Mann solche Schwächen verzeihen.

Reichtum und Wohlstand

Menschen, die im Jahr des Hasen geboren wurden, genießen im Alter ein sorgenfreies Leben in Wohlstand. Im Jahr des Hahns sollten sie allerdings besonders vorsichtig sein: In diesem Jahr werden sie wenig verdienen, und einige »Chancen« entpuppen sich als Fallen.

Das Schicksal des Hasen in den verschiedenen Tierjahren

Das Jahr der Ratte: In diesem Jahr ist der Hase mit außergewöhnlichem Glück gesegnet. Zur Jahresmitte wird es zwar einige kleinere Rückschläge geben, die am Ende des Jahres aber von einer wahren Glückssträhne abgelöst werden. Während er nach Wohlstand und Gewinn strebt,

Kräutermedizin vom Jadehasen

Einer Legende nach verwandelten sich drei Götter in klägliche, alte Männer, die beim Fuchs, beim Affen und beim Hasen um Essen bettelten. Sowohl der Fuchs als auch der Affe konnten mit Nahrung dienen, wohingegen der Hase nichts hatte. Daher machte er ihnen ein Angebot: »Ihr könnt mich essen!« Er stürzte sich ins Feuer, um gebraten zu werden. Die drei Götter waren davon so bewegt, dass sie den Hasen in den Mondpalast schickten und ihn zum Jadehasen ernannten. Dieses half der Mondgöttin von nun an dabei, einen speziellen Unsterblichkeitstrunk aus Kräutern herzustellen.

sollte er besonders achtsam sein, da einige Menschen neidisch werden und Probleme verursachen könnten.

Das Jahr des Büffels: Leider läuft es in diesem Jahr nicht gerade reibungslos. Der Hase sollte gut auf seine Gesundheit achten. Im Verlauf des Jahres beruhigt sich die Lage allerdings ein wenig, und zum Ende hin erzielt der Hase sogar kleine Erfolge. Er sollte jede Gelegenheit nutzen, um glücklich zu sein. Nur so kann er Pechsträhnen entgegenwirken.

Das Jahr des Tigers: In diesem Jahr sollten Hasen ganz besonders auf ihre Gesundheit achten und auch sonst sehr vorsichtig sein. Es ist nicht ratsam, in der Mitte des Jahres weite Reisen anzutreten. Gegen Jahresende ist die Pechsträhne allerdings vorbei, und der Hase hat endlich auch mal Glück – genau der richtige Zeitpunkt, um zu investieren.

Das Jahr des Hasen: In diesem Jahr läuft einfach alles rund: Florierende Geschäfte, Ruhm und Wohlstand warten auf den Hasen.

Das Jahr des Drachen: Der Hase sollte äußerst vorsichtig sein, wenn er seine Vorhaben in die Tat umsetzt. In diesem Jahr gilt es, keinen Ärger zu machen! Außerdem sollte sich der Hase nicht zu sehr darauf fokussieren, das große Geld zu machen.

Das Jahr der Schlange: In diesem Jahr geht es dem Hasen psychisch sehr schlecht. Zudem sollte er versuchen, besser zu haushalten. In der zweiten Jahreshälfte wird es allerdings weniger Rückschläge geben: Mit der Zeit geht es dem Hasen finanziell besser, und auch im Job läuft es endlich rund.

Das Jahr des Pferdes: Zu Beginn des Jahres wird der Hase einige Rückschläge erleiden. Ab März geht es aber wieder bergauf. Trotzdem wird er immer wieder mit kleineren Problemen konfrontiert werden. Er sollte sich nicht auf andere Frauen einlassen und das Glücksspiel meiden.

Das Jahr des Schafs: In diesem Jahr haben Hasen mit zahlreichen Hindernissen zu kämpfen. Vieles, was sie anpacken, ist zum Scheitern verurteilt. Um Wohlstand zu erlangen, müssen sie das ganze Jahr über hart arbeiten und einige Strapazen über sich ergehen lassen, die sich am Ende kaum auszahlen. Erfolg wird sich nur dann einstellen, wenn der Hase ruhig und besonnen bleibt.

Das Jahr des Affen: In diesem Jahr läuft so einiges schief. Zum Glück gibt es für jedes Problem eine Lösung. Solange der Hase ruhig und besonnen bleibt, kann er eine friedliche Zeit erleben.

Das Jahr des Hahns: In diesem Jahr ist Vorsicht geboten. Der Hase sollte sich mental auf Herausforderungen vorbereiten und Willenskraft zeigen. Außerdem ist es von Vorteil, auf die Hilfe von Freunden und Verwandten zu vertrauen.

Das Jahr des Hundes: Das Schicksal meint es in diesem Jahr gut mit dem Hasen. Er sollte sich auf sein Vorhaben konzentrieren und seine Profitgier zügeln.

Das Jahr des Schweins: Hasen sollten sich ganz besonders vor Unfällen hüten, auf ihre Sicherheit achten und einfach auf sich aufpassen. Auch wenn sie mit anderen in Kontakt treten, ist Vorsicht geboten.

Das Schicksal des Hasen nach den verschiedenen Geburtsmonaten des Mondkalenders

1. Mondmonat: Obwohl der Hase meist ein sorgloses Leben führt, muss er viel reisen und hart arbeiten. Das kann er jedoch vermeiden, wenn er sehr erfolgreich ist oder seine Ein- und Ausgaben gut kalkuliert.

2. Mondmonat: Trotz einiger Höhen und Tiefen führt der Hase ein angenehmes Leben in Ruhm und Wohlstand.

3. Mondmonat: Der fröhliche, tatkräftige und aufgeschlossene Hase gilt als besonders mutig. Eine schillernde Zukunft liegt vor ihm und er kann sich auf eine steile Karriere und eine Machtposition freuen.

4. Mondmonat: Der Hase ist ein echter Akademiker. Er ist nicht nur gelehrt, sondern auch sehr vielseitig und stets adrett unterwegs. Auch wird er ein glückliches Familienleben führen, da es ihm finanziell sehr gut geht und er alles, was er sich vornimmt, zu Ende bringt.

5. Mondmonat: Der Hase wächst in ärmlichen Verhältnissen auf. Im Erwachsenenalter und auch darüber hinaus darf er sich jedoch über ein großes Vermögen freuen. Seine Karriere kurbelt er sehr geschickt an und auch bei seinen Kollegen ist der Hase ungemein beliebt.

6. Mondmonat: Hasen, die in diesem Monat geboren wurden, werden von ihren Mitmenschen respektiert. Das liegt nicht zuletzt an ihrer herausragenden Fähigkeit, die Leitung zu übernehmen. Sie legen eine steile Karriere hin, führen ein glückliches Familienleben und erfreuen sich bester Gesundheit.

7. Mondmonat: Nicht nur in der Karriere des Hasen sondern auch in anderen Lebensbereichen läuft es ganz hervorragend. Er ist gebildet, klug, großzügig und für seine würdevolle Persönlichkeit bekannt. Seine guten finanziellen Ressourcen tragen zusätzlich zu einem sorglosen Leben bei.

8. Mondmonat: Aufgrund seines großen Herzens und seiner edlen Tugenden ist der hilfsbereite Hase sehr beliebt bei seinen Mitmenschen. Wenn er als Beamter in seiner Heimat bleibt, wird er stadtbekannt werden.

9. Mondmonat: Der Hase hat keinen guten Geschäftssinn und vielen Dingen gegenüber ist er gleichgültig eingestellt. Stattdessen unterwirft er sich dem Willen Gottes. Auch finanziell läuft es mehr schlecht als recht, weshalb er nicht gerade ein sorgloses Leben führt.

10. Mondmonat: Der introvertierte Hase ist nicht sehr gesellig. Trotzdem gerät er in einige heikle Situationen. Doch da er Hilfe von seinen Mitmenschen erhält, kann das Unglück abgewehrt werden.

11. Mondmonat: Für den vielseitigen und erfinderischen Hasen steht nicht Reichtum, sondern Brüderlichkeit an erster Stelle. In seinen frühen Lebensjahren kann er eine Menge Geld machen und ein zufriedenes Leben führen. Bis ins hohe Alter wird er in Wohlstand leben.

12. Mondmonat: Hasen, die in diesem Monat geboren wurden, können auf eine Menge Ressourcen zurückgreifen und sind sehr ambitioniert. Bereits in ihrer Kindheit und Jugend sind sie sehr fleißig, was sich im mittleren Alter durch Ruhm, Profite und unermesslichen Reichtum auszahlt. In ihrer zweiten Lebenshälfte müssen sie allerdings besonders hart arbeiten, um diesen Lebensstandard zu erhalten.

Das Schicksal des Hasen nach den verschiedenen Geburtstagen des Mondkalenders

1. Tag: Für den fröhlichen, aktiven, loyalen und gediegenen Hasen steht nicht etwa Reichtum, sondern Brüderlichkeit an erster Stelle. Er ist stets bereit, anderen zu helfen.

2. Tag: Trotz vieler Höhen und Tiefen sowie Problemen in ihren ersten Lebensjahren sind Hasen, die an diesem Tag geboren wurden, für ihre Loyalität und Ehrlichkeit bekannt.

3. Tag: In seinen ersten Lebensjahren erlebt der Hase einige Tragödien und auch in seiner Jugend folgt eine Pechsträhne der nächsten. Er wird sich von ganz unten hocharbeiten müssen.

4. Tag: Der Hase arbeitet hart und genießt ein glückliches Familienleben. Auch in der Karriere läuft es hervorragend. Er wechselt oft seinen Wohnsitz und kann auch ohne familiären Rückhalt den beruflichen Durchbruch schaffen.

5. Tag: Der Hase erlebt sowohl stürmische Regentage als auch liebliche Sonnentage. Es fällt ihm leicht, sich beruflich weiterzuentwickeln, nachdem er schwierige Phasen überwunden hat. Er ist belastbar und hat ein gutes Herz.

6. Tag: Hasen, die an diesem Tag geboren wurden, sind von Natur aus loyal und ehrlich. Außerdem sind sie besonders gutherzig, beliebt bei ihren Mitmenschen und verhalten sich würdevoll. Sie nehmen stets Rücksicht auf ihre Familie.

7. Tag: Der fröhliche, kluge, hilfsbereite und konsequente Hase ist überaus talentiert und führt ein angenehmes Leben. Es fällt ihm leicht, neue Freunde zu gewinnen.

8. Tag: Nach regnerischen Zeiten lässt sich verlässlich die Sonne wieder blicken. In seiner ersten Lebenshälfte bleibt der finanzielle Erfolg des Hasen aus. Erst im Erwachsenenalter wendet sich das Blatt.

9. Tag: Der loyale und ehrliche Hase geht die Dinge sehr bodenständig an. Nachdem seine ersten Lebensjahre relativ ereignislos verlaufen, muss er im Anschluss einige Hürden überwinden. Erst dann glätten sich die Wogen.

10. Tag: Hasen, die an diesem Tag geboren wurden, führen ein sorgloses Leben. Nicht nur in der Ehe und der Familie, sondern auch in ihrer Karriere läuft es ganz hervorragend.

11. Tag: In seinen frühen Lebensjahren wird der Hase eine Menge Leid erfahren. Unterstützung von Freunden und Familie erhält er nicht. Wenn er in Wohlstand leben möchte, sollte er sein Glück weit weg von zu Hause suchen.

12. Tag: Der Hase darf sich auf Ruhm und Reichtum, auf Erfolg und eine tolle Entwicklung freuen.

13. Tag: Trotz ihrer außergewöhnlichen Weisheit und ihres immensen Einfallsreichtums sind Hasen, die an diesem Tag geboren wurden, cholerisch und nicht besonders unternehmungslustig.

14. Tag: Der fröhliche Hase ist ungemein anpassungsfähig. Dennoch gerät er oft in Schwierigkeiten.

15. Tag: Schon früh erlebt der Hase viele Höhen und Tiefen und muss einige Pechsträhnen über sich ergehen lassen.

16. Tag: Ehemann und Ehefrau respektieren einander.

17. Tag: Der fröhliche und attraktive Hase erhält eine Menge Unterstützung von seinen Mitmenschen. Nachdem seine ersten Jahre eher durchschnittlich verlaufen, wird er im Erwachsenenalter in Wohlstand leben.

18. Tag: Der aufrichtige Hase wird von seinen Mitmenschen respektiert und ist auch sonst ein echter Glückspilz – vor allem im Erwachsenenalter.

19. Tag: Nach regnerischen Zeiten lässt sich die Sonne wieder blicken und der Hase, der zahlreiche Hürden überwinden musste, kann endlich aufatmen. Allerdings ist er auf sich allein gestellt und muss seinen eigenen Weg gehen, um im Erwachsenenalter in Wohlstand zu leben.

20. Tag: Der ehrgeizige und willensstarke Hase handelt stets mit großer Entschlossenheit.

21. Tag: Da der Hase kaum Unterstützung von seiner Familie erhält, sollte er von zu Hause fortgehen, um sein Glück zu suchen.

22. Tag: Der Hase arbeitet hart und ist sehr belastbar. Er macht seine Familie sehr glücklich, da er gewissenhaft und freundlich ist und gut mit Geld umgehen kann.

23. Tag: Der fröhliche, einfallsreiche und ausgeglichene Hase ist bei seinen Mitmenschen sehr beliebt.

24. Tag: Der Hase arbeitet schon früh sehr hart. Nachdem er einige Hürden überwinden muss, glätten sich die Wogen. Um seine Karriere anzukurbeln, wird er seine Heimat verlassen.

25. Tag: Hasen, die an diesem Tag geboren wurden, leben ein sorgloses Leben. Trotz einiger Privilegien, die sie in ihrer Kindheit genießen, werden sie im Erwachsenenalter mit ganz alltäglichen Problemen und Sorgen konfrontiert.

26. Tag: Den fröhlichen und überaus begabten Hasen umgibt ein besonderer Glanz. Bis ins hohe Alter wird er ein beständiges Leben führen.

27. Tag: Hasen, die an diesem Tag geboren wurden, sind fröhlich und lernwillig. Zudem sind sie außerordentlich klug. Ihr ruhmreiches Leben sorgt für Stolz in der Familie. Auch ihre Ehe verläuft glücklich und ist von Reichtum und Erfolgen geprägt.

28. Tag: Die Ehe des Hasen verläuft sehr glücklich. Wenn er seine Heimat verlässt, wird er hilfsbereiten Men-

Zwei Wutong-Bäume und zwei Hasen

Länge: 176,2 cm. Breite: 95 cm.
Tinte und Farbe auf Seide.
Palastmuseum Peking.

Dieses Gemälde von Leng Mei (1670–1742), einem Maler der Qing-Dynastie, zeigt zwei Wutong-Bäume und eine Süße Duftblüte, die schräg aus einem Felsspalt herausragt. Auf der Wiese wachsen Chrysanthemen und zwei Hasen spielen im weichen Gras. Allem Anschein nach handelt es sich hierbei um ein Gemälde für das Chinesische Mondfest. Die beiden Hasen sind sehr akkurat und naturgetreu abgebildet. Selbst ihr glattes, glänzendes Fell ist realistisch nachgezeichnet. Ihre kristallklaren Augen sind mit weißen Pupillen versehen. Die Felsen erscheinen scharf und steil. Das gesamte Gemälde ist hervorragend komponiert. Die akkurate Pinselführung, die stimmige Textur sowie die wunderschönen Farbkontraste scheinen von westlichen Maltechniken beeinflusst zu sein.

schen begegnen. Er ist offen im Umgang mit anderen und darf sich auf Erfolg, Ruhm, Reichtum und ein langes Leben freuen.

29. Tag: Das Schicksal meint es gut mit dem Hasen. Der Hasenmann ist attraktiv und wird eine steile Karriere hinlegen. Die Hasenfrau ist klug und freundlich und eine besonders gute Hausfrau.

30. Tag: Wenn der Hase hart arbeitet, wird er im Erwachsenenalter eine Menge Erfolg haben – sowohl, was die Karriere, als auch, was die Familie betrifft. Er wird ein angenehmes und langes Leben führen.

Das Schicksal des Hasen nach den verschiedenen Geburtsstunden

23–01 Uhr: Der Hase ist meist glücklich und hat eine romantische Ader. Dennoch schenkt er weder seiner Familie noch dem Ehepartner Aufmerksamkeit. Meist ist er auf der Suche nach neuen Impulsen, da er sich schnell langweilt. Seine Ehe kann nur dann glücklich verlaufen, wenn er versucht, seine Unbeständigkeit in den Griff zu bekommen.

01–03 Uhr: Der kluge, einfallsreiche, offene und überaus ehrgeizige Hase ist bereits als Kind ein besonders guter Schüler. Er ist kreativ, gewissenhaft und sparsam. Auf seine Familie kann er sich stets verlassen. Auch fällt es ihm leicht, neue Freunde zu gewinnen. Er wird heiraten, ein eigenes Unternehmen gründen und im Erwachsenenalter wird man ihm eine Menge Achtung entgegenbringen. Bis ins hohe Alter lebt er ein friedvolles Leben.

03–05 Uhr: Der rechtschaffene und tüchtige Hase wird sich seine Karriere aus dem Nichts aufbauen, indem er schon in jungen Jahren hart arbeitet. Der Erfolg wartet allerdings weit weg von zu Hause. Bis ins hohe Alter wird er ein beständiges Leben führen.

05–07 Uhr: Der einfallsreiche, bewanderte und wilde Hase gilt als ungemein mutig. Dies bringt ihm Ruhm und den Stolz seiner Familie ein.

07–09 Uhr: Der fröhliche, tüchtige, talentierte und bewanderte Hase strebt sein Leben lang nach Ruhm. Trotzdem scheitert er schlussendlich öfter, als er Erfolg hat. Seine größte Schwäche? Er schafft es nicht, sich vernünftig zu organisieren, wodurch alle Mühen umsonst sind. Erst im mittleren Alter wird er allmählich aus seinen Fehlern lernen.

09–11 Uhr: Hasen, die zu dieser Uhrzeit geboren wurden, arbeiten ihr Leben lang sehr hart. Sie haben keine Familie oder Verwandten, auf die sie zählen können. Trotzdem sind sie keinen ernsthaften Problemen ausgesetzt. Sie strengen sich enorm an, um ihre Karriere anzukurbeln.

11–13 Uhr: Mithilfe seiner Mitmenschen kann der Hase auch aus Pechsträhnen das Beste machen. Sowohl der Hasenmann als auch die Hasenfrau sind attraktiv und talentiert. Der Hasenmann wird eine wunderschöne Frau heiraten, während die Hasenfrau einen sehr begabten Ehepartner findet. Die Beziehungen der Hasen werden voller Liebe sein, und sie werden ein überaus glückliches Leben führen.

13–15 Uhr: Der Hase ist ungemein fröhlich und sehr gebildet. Dank der Unterstützung seiner Familie wird er eine steile Karriere hinlegen. Allerdings sollte er vorsichtig sein, wenn er neue Bekanntschaften macht.

15–17 Uhr: Das Leben des Hasen ist von zahlreichen Höhen und Tiefen geprägt. Aus den Steinen, die ihm im Weg liegen, kann er sich aber etwas Schönes bauen, sodass ernsthafte Tragödien abgewendet werden können.

17–19 Uhr: Hasen, die zu dieser Uhrzeit geboren wurden, sind vielseitig, tüchtig und einfallsreich. Allerdings werden sie nur dann heiraten oder Karriere machen, wenn sie in ihrer Heimat bleiben oder in der Ferne Unterstützung erhalten. In den ersten Jahren bleibt der finanzielle Erfolg noch aus. Erst nach dem vierzigsten Lebensjahr geht es ein wenig bergauf.

19–21 Uhr: Trotz einiger Höhen und Tiefen sowie zahlreicher Tragödien und Probleme, kann der Hase die schwierigen Zeiten unbeschadet überstehen.

21–23 Uhr: Das Leben des Hasen ist ein einziges Auf und Ab. Dank seiner hilfsbereiten Eltern und Brüder kann er unnötige Rückschläge vermeiden – zumindest, solange er nicht stur an seinen Prinzipien festhält.

Kapitel 5

Der Drache

In der chinesischen Kultur genießt der Drache den höchstmöglichen Status. Er wird respektiert und verehrt und steht für Macht, Adel, Erhabenheit, Glück, Optimismus und Erfolg. In den feudalen Dynastien war die Verwendung des Drachensymbols einzig den Königsfamilien vorbehalten. Das einfache Volk durfte sich dieses Symbols nie bedienen. So war der Herrscher auch als der »geweihte Sohn des wahren Drachen« bekannt. Seine Kinder wiederum galten als die »Nachkommen des Drachen«. Im Chinesischen Horoskop belegt der Drache den fünften Rang. Er steht vor allem für den Adel.

Die Mondjahre des Drachen
im Sonnenkalender

5. Februar 1916 bis 3. Februar 1917

5. Februar 1928 bis 3. Februar 1929

5. Februar 1940 bis 3. Februar 1941

5. Februar 1952 bis 3. Februar 1953

5. Februar 1964 bis 3. Februar 1965

4. Februar 1976 bis 3. Februar 1977

4. Februar 1988 bis 3. Februar 1989

4. Februar 2000 bis 3. Februar 2001

4. Februar 2012 bis 2. Februar 2013

4. Februar 2024 bis 2. Februar 2025

4. Februar 2036 bis 2. Februar 2037

4. Februar 2048 bis 2. Februar 2049

Lebensweg

Menschen, die im Jahr des Drachen geboren wurden, sind belastbar, lebhaft, außerordentlich wagemutig und haben ein feuriges Temperament. Sie sind besonders zielstrebig, können die Führung übernehmen und haben ein starkes Selbstbewusstsein. Ihre energische Natur ist nicht zu bändigen. Das Schicksal meint es besonders gut mit dem Drachen, und auch im Beruf lässt der Erfolg nicht auf sich warten. Egal in welcher Lebenslage sich der Drache befindet – er mag es nicht, wenn man über ihn bestimmt. Am liebsten geht er seinen eigenen Weg. In seiner Jugend sollte er sich davor in Acht nehmen, in Trotz und Erfolglosigkeit zu verharren. Im Erwachsenenalter kann er schnell auf die schiefe Bahn geraten. Im hohen Alter wird der Drache ein glückliches Leben führen.

Persönlichkeit

Menschen, die im Jahr des Drachen geboren wurden, sind aufrichtig, willensstark und ausgesprochen unternehmungslustig. Sie bleiben auch in schwierigen Situation gelassen und sind überaus intelligent. Drachen, die tagsüber geboren wurden, sind sehr fokussiert. Außerdem verfügen sie über einen enormen Kampfgeist und packen das Leben bei den Hörnern. Drachen, die nachts geboren wurden, gelten als perfektionistisch. Allerdings fehlt es ihnen an Durchhaltevermögen und Willensstärke. Vor allem Prüfungssituationen stellen für sie eine riesige Herausforderung dar. Wenn sie Erfolg im Job und in der Liebe haben wollen, dürfen sie sich aber nicht unterkriegen lassen.

Beruf und Karriere

Aufgrund ihres außerordentlichen Einfallsreichtums und ihrer angeborenen Intelligenz sollten Drachen einen Job wählen, in dem ihr Denkvermögen gefragt ist. Tätigkeiten im Handwerk oder im mechanischen Betrieb eignen sich hingegen kaum. Vielmehr sollten sie sich einen Beruf suchen, bei dem ihre Kreativität und ihre analytischen Fähigkeiten zum Einsatz kommen. Drachen nehmen zudem gerne an spirituellen Aktivitäten teil, die mit Kunst, Politik oder Bildung zu tun haben.

Liebe und Ehe

Die meisten Menschen, die im Jahr des Drachen geboren wurden, sind ihrer Familie gegenüber sehr loyal. Auch das Konzept der Ehe nehmen sie sehr ernst. Wenn sie ei-

Der Drache in den Wolken

Das Kunstwerk, das sich im Guangdong Museum in China befindet, wurde von Chen Rong in der Song-Dynastie (1127–1279) gemalt. Es zeigt einen riesigen Drachen in einem Geschwader aus Wolken, die er majestätisch durcheinanderwirbelt. Der Legende nach ist der Drache einer der vier Geister, die für den Regen verantwortlich sind. In der Mythologie vereint der Geist des Drachen die Eigenschaften anderer Tiere in sich: Das Hirschgeweih, die Fischgräten, die Hasenaugen, die Büffelohren, die Tigertatzen und die Adlerkrallen. In der Han-Dynastie sowie der Tang-Dynastie (618–907) wurde dieser Geist meist in Form von Bestien und später dann durch die Schlange dargestellt. Dieses Gemälde zeigt eine sehr typische Drachenzeichnung. Es legte den Grundstein für das charakteristische Aussehen des Drachen in den darauffolgenden Jahrhunderten, das ihn bis heute idealtypisch ausdrückt.

Sie hat nicht nur den Grundstein für die Form des Drachens in den folgenden mehreren hundert Jahren gelegt, sondern ist auch fast unvergleichlich im Ausdruck des Drachens in der folgenden Generation.

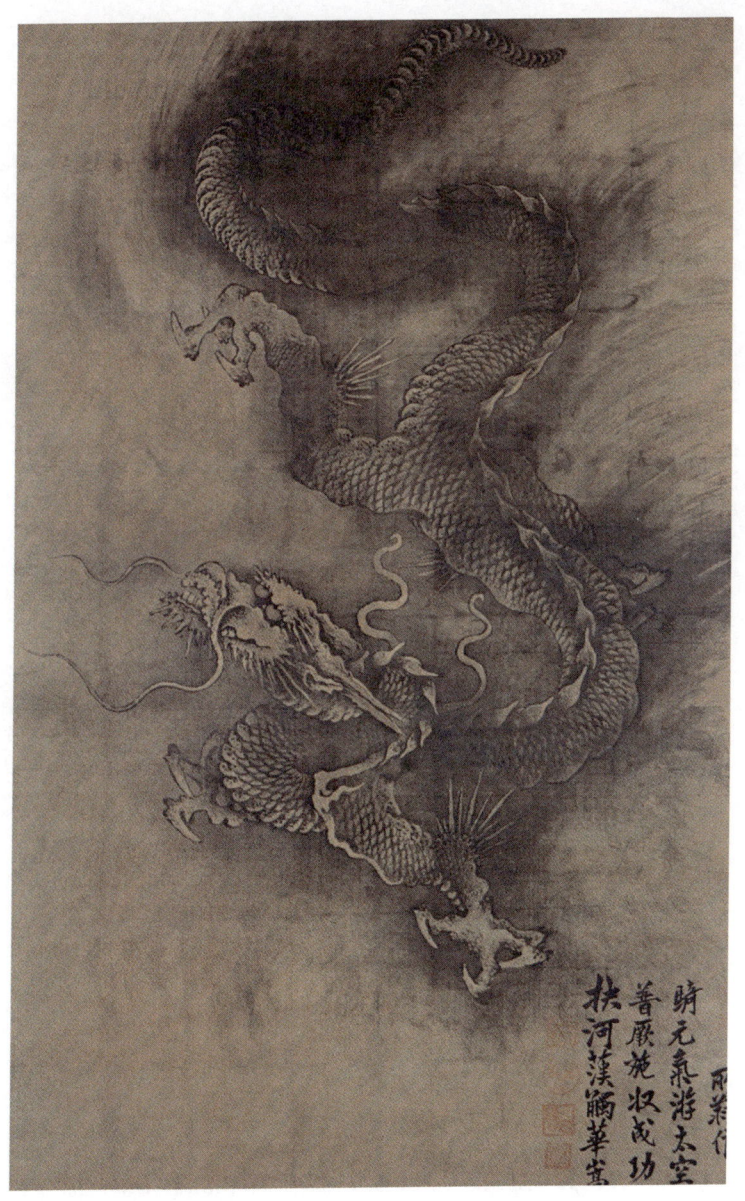

騎元氣游太空
普嚴施收茂功
扶河漢灑華崇
雨露作

nen hilfsbereiten Ehepartner finden, werden sie es mühelos zum Erfolg schaffen. Trotzdem sollten sie von Zeit zu Zeit ihre Sturheit zurückschrauben und auch mal zuhören, wenn der Ehemann oder die Ehefrau einen Vorschlag macht. Beziehungstechnisch passt der Drache gut zu Menschen, die im Jahr der Ratte, des Hahns oder des Affen geboren wurden. Bei den Tierkreiszeichen Hase, Hund, Büffel und Drache ist allerdings Vorsicht geboten.

Ehe: Welches Tierkreiszeichen passt zum Drachenmann?

Der Drachenmann mit der Rattenfrau: Die beiden passen gut zusammen. Die Rattenfrau unterstützt ihren Mann, wo sie nur kann, und hilft ihm dabei, eine steile Karriere hinzulegen.

Der Drachenmann mit der Büffelfrau: Keine besonders gute Kombination: Der Drache sehnt sich nach Zärtlichkeit, die ihm die Büffelfrau nicht geben kann.

Der Drachenmann mit der Tigerfrau: Die beiden passen ganz gut zusammen.

Der Drachenmann mit der Hasenfrau: In dieser Beziehung wird es einige Konflikte geben, da sich die Hasenfrau gerne zur Schau stellt, während der Drachenmann Oberflächlichkeit überhaupt nicht leiden kann.

Der Drachenmann mit der Drachenfrau: Eine Ehe zwischen Drachen wird von vielen Konflikten und Schwierigkeiten geprägt sein.

Der Drachenmann mit der Schlangenfrau: Die beiden passen sehr gut zusammen. Der Drachenmann ist stolz auf seine wunderschöne Ehefrau. Dabei sind die Mühen, die die Schlangenfrau in ihr Aussehen steckt, womöglich gar nicht für ihren Gatten gedacht ...

Der Drachenmann mit der Pferdefrau: Die beiden werden ihre Wünsche und Ziele mühelos erreichen. Die Schwierigkeit liegt darin, Erreichtes festzuhalten.

Der Drachenmann mit der Schaffrau: Obwohl diese Ehe nicht unbedingt von Vorteil für die Karriere des Drachenmanns ist, sind die beiden recht glücklich zusammen.

Der Drachenmann mit der Affenfrau: Perfekter kann eine Ehe nicht sein. Die Affenfrau steht ihrem Mann mit wertvollen Ratschlägen bezüglich seiner Karriere zur Seite und hilft ihm dabei, sein grenzenloses Selbstbewusstsein ein wenig zurückzuschrauben.

Der Drachenmann mit der Hahnenfrau: Die beiden werden sehr glücklich zusammen sein und ein beneidenswertes Familienleben führen.

Der Drachenmann mit der Hundefrau: Der Drachenmann verärgert seine Frau oft mit seiner Eitelkeit. Ein friedliches Familienleben ist deshalb nicht möglich.

Der Drachenmann mit der Schweinefrau: Die beiden werden glücklich zusammenleben. Die Schweinefrau verhält sich ihrem Ehemann gegenüber sehr einfühlsam.

Ehe: Welches Tierkreiszeichen passt zur Drachenfrau?

Die Drachenfrau mit dem Rattenmann: Die beiden werden ein recht glückliches Leben zusammen führen. Die Drachenfrau weiß genau, wie sie ihrem eitlen Ehemann schmeicheln kann.

Die Drachenfrau mit dem Büffelmann: Zwischen den beiden wird es einige Konflikte geben, da sich die Drachenfrau gerne zur Schau stellt, während der Büffelmann Oberflächlichkeit überhaupt nicht leiden kann.

Die Drachenfrau mit dem Tigermann: Ein Glückstreffer – die Drachenfrau wird ihrem Mann eine große Hilfe sein, wenn es um dessen Karriere geht.

Die Drachenfrau mit dem Hasenmann: Die beiden sind sehr liebevoll zueinander. Die Drachenfrau sollte den Haushalt allerdings nicht vernachlässigen.

Die Drachenfrau mit dem Drachenmann: Diese Ehe wird von zahlreichen Konflikten und Schwierigkeiten geprägt sein.

Die Drachenfrau mit dem Schlangenmann: Da die beiden keinem Konflikt aus dem Weg gehen, wird ein friedlicher Alltag beinahe unmöglich sein.

Die Drachenfrau mit dem Pferdemann: Kein optimales Paar – Der Pferdemann ist egozentrisch und tritt die Gefühle seiner Frau häufig mit Füßen.

Die Drachenfrau mit dem Schafmann: Diese Ehe kann nur funktionieren, wenn sich beide bemühen, den jeweils anderen wertzuschätzen.

Die Drachenfrau mit dem Affenmann: Die beiden können friedlich zusammenleben. Die Drachenfrau weiß ihren attraktiven Gatten sehr zu schätzen.

Die Drachenfrau mit dem Hahnenmann: Perfekter kann eine Ehe kaum aussehen.

Die Drachenfrau mit dem Hundemann: Die beiden passen nicht besonders gut zusammen. Der Hundemann wird immer an seiner Frau herummäkeln.

Die Drachenfrau mit dem Schweinemann: Die beiden können friedlich zusammenleben. Der Schweinemann muss dafür allerdings seine Karriere opfern.

Reichtum und Wohlstand

Menschen, die im Jahr des Drachen geboren wurden, sind ungemein intelligent und haben ein Talent dafür, die Leitung zu übernehmen. Die meisten Drachen sind allerdings sehr hitzig und lassen sich schnell provozieren. Dadurch leidet nicht nur die Karriere, sondern auch ihre finanzielle Situation. Um bessere Erfolge zu erzielen, sollte der Drache mehr Energie in seine geistige Weiterbildung stecken. Um Reichtum zu erlangen, eignet sich vor allem das Jahr des Hahns – generell ist das Tierkreiszeichen Hahn sehr vorteilhaft für den Drachen.

Das Schicksal des Drachen in den verschiedenen Tierjahren

Das Jahr der Ratte: In diesem Jahr lebt der Drache in Saus und Braus. Nicht ein einziges Hindernis stellt sich ihm in den Weg. Nach dem Julimonat sollte er sich allerdings vor Unfällen in Acht nehmen und nicht an Glücksspielen teilnehmen.

Das Jahr des Büffels: Alles läuft reibungslos. Der Drache kann genau zur richtigen Zeit investieren. Bevor er dies tut, sollte er sich allerdings ausreichend informieren und stets mit Vorsicht handeln.

Das Jahr des Tigers: Der Drache wird weit weg von zu Hause hart arbeiten. Obwohl er in Wohlstand lebt, zermürbt ihn die Schufterei.

Das Jahr des Hasen: Die harte Arbeit zahlt sich gegen Ende des Jahres aus. Allerdings sollte der Drache ein besseres Benehmen an den Tag legen und die Finger vom Glücksspiel lassen.

Das Jahr des Drachen: Die Chance auf Weiterbildung führt den Drachen zum Erfolg. Zur Mitte des Jahres wird er einige Hindernisse überwinden müssen. Hier ist besondere Vorsicht geboten.

Das Jahr der Schlange: In diesem Jahr sollte der Drache ein wenig achtsamer mit sich und seinem Körper umgehen. Gesunde Ernährung und Sport stehen auf dem Programm.

Das Jahr des Pferdes: In diesem Jahr geht so einiges schief und der Drache wird immer wieder Rückschläge erleiden. Gegen Jahresende ist aber ein wenig Licht am

Ende des Tunnels zu sehen. Trotzdem ist Vorsicht geboten.

Das Jahr des Schafs: Wenn der Drache mit Problemen konfrontiert wird, sollte er versuchen, ruhig zu bleiben. Außerdem muss er sich darüber im Klaren sein, was richtig, und was falsch ist. Nur so kann sein Jahr friedlich verlaufen.

Das Jahr des Affen: Der Drache sollte schon frühzeitig Pläne schmieden. Es ist ratsam, bis zur Jahresmitte kleine Brötchen zu backen, und erst gegen Jahresende nach Reichtum zu streben. Obwohl ein unerwartetes Vermögen auf den Drachen zukommt, sollte er nicht allzu gierig sein.

Das Jahr des Hahns: In diesem Jahr läuft alles reibungslos. Trotzdem hat der Drache mit kleineren gesundheitlichen Problemen zu kämpfen und auch finanziell gibt es einen Einbruch. Solange der Drache ruhig und gelassen bleibt, muss er sich aber keine Sorgen machen.

Das Jahr des Hundes: Klatsch und Tratsch werden unweigerlich zu Problemen und Missverständnissen führen. Die Pläne des Drachen werden nicht aufgehen. Ein friedliches Leben ist nur dann möglich, wenn er seine Habgier ablegt.

Das Jahr des Schweins: Alles läuft rund und der Drache kann einige Erfolge erzielen. Zu Beginn des Jahres ist allerdings Vorsicht geboten.

Das Schicksal des Drachen nach den verschiedenen Geburtsmonaten des Mondkalenders

1. Mondmonat: Trotz seiner Ambitionen und hohen Ideale sowie der Chance, zur gesellschaftlichen Oberschicht zu zählen, schafft der Drache es nicht, seine Stärken zu

Neun-Drachen-Wand

Yingbi, die sogenannte »Schattenmauer«, dient in der traditionellen chinesischen Architektur als Blickschutz. Die *Neun-Drachen-Wand* im Beihai-Park in Peking ist eine der charakteristischsten ihrer Art. Sie wurde 1756 erbaut, ist 5 Meter hoch, 1,2 Meter breit und 27 Meter lang. Der mittlere der neun Drachen, der in der typischen Ruheposition verharrt, wird als der »Anführer« bezeichnet. Die Drachen, die sich rechts und links neben ihm befinden, sind jeweils in aufsteigender oder hinabgleitender Bewegung abgebildet. Man sieht also neun majestätisch wirkende Drachen, die jeweils eine bestimmte Körperhaltung einnehmen und umherfliegen. Der Anführer wirkt besonders mächtig und würdevoll. Auch die aufsteigenden Drachen strahlen Wildheit und Stärke aus, während die hinabgleitenden Drachen sanftmütig und elegant aussehen. Sie stehen für harmonische Zusammenarbeit, Perfektion und eine blühende Welt.

Jade-Drache

Länge: 26 cm. Gesamtbreite: 21 cm. Gesamtdurchmesser: 2,3–2,9 cm.
Durchmesser des Lochs: 0,95 cm. Farbe: schwarz / grün.
Jadeschmuck der Hongshan-Kultur.
Sanxingtala, Ogniud Banner, Autonome Region Innere Mongolei.
Chinesisches Nationalmuseum.

Die ersten Jade-Anhänger in Drachenform gehen auf die Hongshan-
Kultur (ca. 4700–2900 v. Chr.) zurück. Dieses Schmuckstück in Form
eines umgekehrten C zeigt einen Drachen, dessen Oberlippe leicht
hervorsteht. Sein Maul ist fest verschlossen, ragt aber nach vorn. Die
flache Nase wird der Länge nach von einer scharfen Kante geziert.
Auch sind zwei kleine Nasenlöcher und gezackte Augen zu erkennen.
Die Augenbrauen stehen hervor wie die Zacken eines Kamms. Stirn
und Kiefer sind fein geschnitzt, wodurch sich ein geometrisches Muster
herausbildet. Der Nacken des Drachen wird von einer langen Mähne
geschmückt, die in einer Welle nach hinten fließt. Der schmale Körper
des Drachen ist nach innen gekrümmt; sein Schwanz eingerollt. Auf
seinem Rücken befindet sich ein kleines Loch, durch das wahrscheinlich eine Kordel gefädelt wurde. Hängt man sich das Schmuckstück
um, befinden sich Kopf und Schwanz auf einer Höhe. Dieses Objekt
wurde aus einem vollständigen Jadestück geschnitzt. Es handelt sich
dabei um den ersten bekannten Jadedrachen, der auch als »Chinas erster Drache« bekannt ist. Einige Menschen glauben, dass wir es hier mit
einem Stammes-Emblem oder Totem zu tun haben.

nutzen. Er ist sich selbst der Nächste, was es ihm schwer macht, seine Karriereziele zu verfolgen.

2. Mondmonat: Der aufgeweckte, intelligente und gebildete Drache führt größtenteils ein sorgloses Leben. Er legt eine steile Karriere hin, verdient eine Menge Geld und wird von seinen Mitmenschen respektiert. Zudem wird er viele Kinder haben.

3. Mondmonat: Der Drache ist attraktiv, aufgeweckt, bewandert, ehrgeizig, mutig, erfinderisch und willensstark. Er ist ein echtes Organisationstalent und hat Führungsqualitäten. Der Drache wird von seinen Mitmenschen respektiert und kann sich auf ein ruhmreiches Leben in Wohlstand freuen.

4. Mondmonat: Drachen, die in diesem Monat geboren wurden, sind belastbar, energiegeladen, aufrichtig und ehrlich, aber auch ein wenig unbeherrscht. Wenn sie eines hassen, dann ist es Unehrlichkeit. Der Drache steckt sich hohe Ziele und verfügt über außergewöhnliche Talente.

5. Mondmonat: Drachen, die in diesem Monat geboren wurden, haben eine außergewöhnliche Sozialkompetenz. Sie werden schon früh verbeamtet und erzielen bemerkenswerte Erfolge. Auch finanziell geht es ihnen ungemein gut. Allerdings sind sie ein wenig hitzig und exzentrisch.

6. Mondmonat: Obwohl der Drache sehr weise und klug ist, bekommt er nicht viel Rückhalt von seinen Mitmenschen. Es fällt ihm schwer, seine Ziele zu erreichen, da das Timing dem Drachen nicht in die Karten spielt. Im Job läuft es auch nicht immer rund: mal bieten sich ihm vielversprechende Chancen, mal geht alles schief. Generell gleicht das Leben des Drachen einer einzigen Achterbahnfahrt.

7. Mondmonat: Der Drache ist mutig, verständnisvoll und außerordentlich klug, was ihm zu einer erfolgreichen

Karriere verhilft. Er sollte allerdings sein Temperament zügeln und sein Führungskonzept überdenken, um Rückschläge zu vermeiden.

8. Mondmonat: Der gelehrte und talentierte Drache begnügt sich mit dem Status quo. Er ist nicht bereit, zu arbeiten. Vielmehr lässt er sich von seiner schlechten Eigenschaft, nämlich der Faulheit, übermannen. Der Drache lebt gern allein und wird ein angenehmes Leben ohne größere Schicksalsschläge führen.

9. Mondmonat: Der sanftmütige, treue, ehrliche und gelassene Drache erhält Unterstützung von seinen Mitmenschen und wird sehr erfolgreich, ohne, dass er ernsthafte Rückschläge erleiden muss. Er ist willensstark, lässt sich niemals unterkriegen und wagt, optimistisch wie er ist, einen Neuanfang. Das zahlt sich aus: Er wird stets ein glückliches und sorgloses Leben führen.

10. Mondmonat: Der Drache ist klug, attraktiv, elegant und außerordentlich talentiert. Seine Mitmenschen bewundern und respektieren ihn. Er ist mutig und verständnisvoll und erhält eine Menge Unterstützung von anderen. Das hilft ihm dabei, selbst aus schwierigen Situationen das Beste zu machen und erfolgreich zu sein. Drachen, die in diesem Monat geboren wurden, leben ein glückliches Leben in unendlichem Reichtum.

11. Mondmonat: Trotz seiner außergewöhnlichen Talente und seiner Zielstrebigkeit schafft der Drache den Durchbruch einfach nicht. Entweder er verpasst seine Chance, oder er wird Opfer manipulativer Intrigen. Er sollte mehr Freundschaften knüpfen und durchdachte Pläne entwickeln, die er Schritt für Schritt umsetzt. Nur so kann er erfolgreich werden.

12. Mondmonat: Drachen, die in diesem Monat geboren wurden, haben keinerlei Verwandte, auf die sie sich verlassen können. Deshalb müssen sie besonders hart ar-

beiten – der große Erfolg lässt allerdings trotzdem auf sich warten. Wenn sie sich davon nicht unterkriegen lassen und es schaffen, die richtigen Freunde zu gewinnen, gibt es durchaus einen Hoffnungsschimmer.

Das Schicksal des Drachen nach den verschiedenen Geburtstagen des Mondkalenders

1. Tag: Der Drache erhält eine Menge Unterstützung. In seinem Leben läuft alles reibungslos, und es bieten sich ihm großartige Möglichkeiten.

2. Tag: Drachen, die an diesem Tag geboren wurden, arbeiten sich von ganz unten nach oben und verlassen ihre Heimat, um erfolgreich zu werden und das große Geld zu verdienen.

3. Tag: Der Drache ist für seine Moral und seine positive Lebenseinstellung bekannt, durch diese erzielt er schon in jungen Jahren großartige Erfolge. Anschließend gründet er eine Familie und legt eine steile Karriere hin, die ihm eine Menge Ruhm einbringt.

4. Tag: Aufgrund gesundheitlicher Probleme fällt es dem Drachen schwer, seine Talente einzusetzen. Im Laufe seines Lebens leidet er möglicherweise an Depressionen.

5. Tag: Der Drache ist klug, lernwillig und kann sich gut artikulieren. Er hat das Potenzial, erfolgreich zu werden, sofern er Problemen aus dem Weg geht.

6. Tag: Im Leben des Drachen jagt ein Unglück das nächste, weshalb es ihm schwerfällt, erfolgreich zu sein. Er erlebt zahlreiche Höhen und Tiefen.

7. Tag: Drachen, die an diesem Tag geboren wurden, erhalten viel Unterstützung – sowohl von Fremden als auch von Familienmitgliedern. Auch ihre Ehe wird glücklich verlaufen, in allen Lebensbereichen haben sie stets mehr Glück als Pech.

8. Tag: Der kluge und lernwillige Drache verbucht mehr Erfolge, als er Niederlagen erleiden muss. Vor allem die Drachenfrau gibt der Familie Ziel und Richtung vor und ist eine große Unterstützung für ihren Ehemann.

9. Tag: Der Drache ist gut darin, andere von seiner Meinung zu überzeugen. Großer Erfolg und unendlicher Reichtum warten auf ihn.

10. Tag: Obwohl der Drache nicht besonders wohlhabend ist, kann er sich auf ein abenteuerliches Leben gefasst machen. Im Laufe der Zeit wird es ihm finanziell besser gehen.

11. Tag: Der Drache hat kein geregeltes Einkommen und verprasst sein Geld, sobald er es in den Händen hält. Doch nicht nur mit seinen Finanzen geht er verschwenderisch um: Auch seine Freundschaften sind nie von langer Dauer.

12. Tag: Sowohl der Drachenmann als auch die Drachenfrau werden liebenswerte Ehepartner haben, die sie sehr unterstützen. Dank ihrer Hilfe wird es ihnen finanziell immer sehr gut gehen. Auch auf Nachwuchs dürfen sich die Drachen freuen.

13. Tag: Drachen, die an diesem Tag geboren wurden, sind dafür bekannt, stets perfekte Ergebnisse zu erzielen und eine erfolgreiche Karriere hinzulegen. Und als wäre das nicht genug, werden sie besonders liebenswerte Kinder zur Welt bringen.

14. Tag: Der Drache hat das Glück, nicht nur ein beträchtliches Vermögen zu erben, sondern auch eine Menge Unterstützung von seiner Familie zu erfahren. Seine Kindheit verläuft relativ unauffällig. Im Erwachsenenalter wendet sich das Blatt und das Schicksal meint es besonders gut mit ihm.

15. Tag: Die meisten Drachen, die an diesem Tag geboren wurden, werden ihre Heimat verlassen und in der Ferne hart arbeiten. Die Drachenfrau darf sich auf eine

vielversprechende Ehe freuen, die ihr nicht nur Kinder, sondern auch ein sorgloses Leben schenkt.

16. Tag: Der Drache ist von Natur aus klug, gewissenhaft und lernwillig. Er und seine Familie leben in Wohlstand, was er nicht zuletzt seiner erfolgreichen Karriere zu verdanken hat.

17. Tag: Drachen, die an diesem Tag geboren wurden, werden eine erfüllende Ehe führen. Wenn es darum geht, Geld zu verdienen, erhalten sie Unterstützung von ihren Mitmenschen, sodass sie finanziell abgesichert sind und ein sorgloses Leben führen.

18. Tag: Da der Drache von seinen Eltern unterstützt wird muss er nicht besonders hart arbeiten und genießt ein sorgloses Leben. Allerdings wird er dadurch stets Schwierigkeiten haben, finanziell auf eigenen Beinen zu stehen.

19. Tag: Der Drache muss eine Menge Leid ertragen und verliert sein Vermögen. Insgesamt scheitert er öfter, als dass er Erfolg hat. Zu seiner Familie hat er kein gutes Verhältnis. Von seinen Verwandten kann er also keine Unterstützung erwarten.

20. Tag: Der gutherzige Drache hat ein unerschütterliches Temperament. Er zeigt gerne, was er hat, und legt eine steile Karriere hin.

21. Tag: Sowohl der Drachenmann als auch die Drachenfrau verhalten sich ihren Eltern gegenüber gutherzig und aufopfernd. Beide werden einmal sehr hilfsbereite Ehepartner haben.

22. Tag: Der Drachenmann liebt Rendezvous. Kein Wunder: Die Frauen stehen bei ihm Schlange. Die Drachenfrau ist besonders romantisch veranlagt. Sie liebt es, zu singen und zu tanzen und einfach ein glückliches Leben zu leben.

23. Tag: Drachen, die an diesem Tag geboren wurden, schaffen es nicht, ihren Verwandten zu vertrauen. Des-

halb gehen sie von zu Hause fort und beginnen beruflich bei null.

24. Tag: Der Drache wird eine erfolgreiche und vielversprechende Karriere hinlegen. Eine schillernde Zukunft ist ihm gewiss.

25. Tag: Der intelligente und tüchtige Drache ist mit ausgezeichneten Talenten gesegnet. Erfolg und Ruhm warten auf ihn.

26. Tag: Drachen, die an diesem Tag geboren wurden, sind engstirnig und kleinkariert. Ihre Karriere läuft nicht besonders erfolgreich. Mit der Drachenfrau, die ein angenehmes Leben führt, meint es das Schicksal besser als mit dem Drachenmann.

27. Tag: Der Drache arbeitet sehr viel und hart, sodass kaum Zeit bleibt, um das Leben zu genießen. Er erlebt eine Menge Höhen und Tiefen.

28. Tag: Drachen, die an diesem Tag geboren wurden, werden nicht nur ein glückliches Familien- und Berufsleben führen, sondern auch eine harmonische Ehe eingehen und allgemein einen sorglosen Alltag haben.

29. Tag: Dem Drachen fällt es schwer, seine Träume zu verwirklichen. Einige Drachen, die an diesem Tag geboren wurden, sind ungemein wohlhabend, während andere am Hungertuch nagen.

30. Tag: Der Drache verfügt über außergewöhnliche Talente. Er wird eine hohe Leitungsposition einnehmen und ein wundervolles Leben führen.

Das Schicksal des Drachen nach den verschiedenen Geburtsstunden

23–01 Uhr: Das Schicksal meint es gut mit dem Drachen: Er wird eine außerordentlich erfolgreiche Karriere hinlegen.

Kaiser Kangxi im Drachengewand

Das Drachengewand erhielt seinen Namen aufgrund des Drachenmusters. In der Antike trug der Kaiser diese Robe bei feierlichen Zeremonien. Besonders charakteristisch sind die gelbe Farbe sowie der runde Kragen. Kangxi (4. Mai 1654–20. Dezember 1722) war der vierte Kaiser der Qing-Dynastie. Bereits im Alter von acht Jahren bestieg er den Thron. Mit vierzehn begann er dann, sich um die Staatsgeschäfte zu kümmern. Insgesamt regierte er 61 Jahre lang und war damit der am längsten regierende Kaiser in der chinesischen Geschichte. Kangxi verteidigte China vor multiethnischen Gruppen und legte den Grundstein für den Wohlstand der Qing-Dynastie, indem er in seiner Regierungszeit sowie der seines Nachfolgers Kaiser Qianlong eine stabile wirtschaftliche Lage schuf.

01–03 Uhr: Wenn das Glück dem Drachen in die Karten spielt, kann er großartige Projekte und Geschäftspläne in die Tat umsetzen und bemerkenswerte Erfolge erzielen.

03–05 Uhr: Der Drache ist beruflich im ganzen Land unterwegs und nur selten zu Hause anzutreffen. Was auch immer sein Vorhaben ist, er sollte äußerst achtsam sein.

05–07 Uhr: Der Drache kann nur dann erfolgreich sein, wenn er sich besonders anstrengt.

07–09 Uhr: Der Drache wird von seinen Mitmenschen respektiert und lebt ein sorgloses Leben. Alles, was er sich vornimmt, meistert er mit Bravour.

09–11 Uhr: Was auch immer der Drache in Angriff nimmt – sein Leben verläuft reibungslos.

11–13 Uhr: Der Drache wird einige Hindernisse überwinden müssen. Damit er seiner Familie ein glückliches Leben bieten kann, muss er besonders wachsam sein.

13–15 Uhr: Für seinen Job reist der Drache durch das ganze Land. Dabei stößt er auf zahlreiche Schwierigkeiten und Probleme. Von Zeit zu Zeit bieten sich ihm aber auch gute Möglichkeiten, um erfolgreich zu werden.

15–17 Uhr: Obwohl der Drache ein Leben in Wohlstand führt, stößt er im Laufe seiner Karriere häufig auf Probleme. Hier sollte er besonders achtsam sein.

17–19 Uhr: Drachen, die zu dieser Uhrzeit geboren wurden, kommen beim anderen Geschlecht besonders gut an. Hier ist allerdings Vorsicht geboten, denn Klatsch und Tratsch können zu Missverständnissen oder Problemen führen. Trotz Wohlstand und Erfolg erlebt der Drache auch Rückschläge und harte Zeiten.

19–21 Uhr: Klatsch und Tratsch können zu Missverständnissen oder Problemen führen. Der Drache sollte also aufmerksam sein. Von Zeit zu Zeit wird er einen Teil seines Vermögens verlieren. Auch hier sollte er besonders vorsichtig sein.

21–23 Uhr: Das Schicksal meint es gut mit dem tugendhaften Drachen. Er schafft es, in jeder schwierigen Lebenslage auch das Positive zu sehen. Nur selten muss er sich ernsthafte Sorgen machen, da sich das Blatt zu guter Letzt immer zu seinem Vorteil wendet.

Kapitel 6
Die Schlange

Die Schlange löst in uns Menschen sehr gemischte Gefühle aus. Einerseits jagt sie uns Angst ein, andererseits bewundern wir sie. Somit ist die Schlange eines der widersprüchlichsten Tierkreiszeichen des Chinesischen Horoskops. Sie belegt den sechsten Rang und steht für das Rätsel und die Weisheit.

Die Mondjahre der Schlange im Sonnenkalender

4. Februar 1917 bis 3. Februar 1918

4. Februar 1929 bis 3. Februar 1930

4. Februar 1941 bis 3. Februar 1942

4. Februar 1953 bis 3. Februar 1954

4. Februar 1965 bis 3. Februar 1966

4. Februar 1977 bis 3. Februar 1978

4. Februar 1989 bis 3. Februar 1990

4. Februar 2001 bis 3. Februar 2002

3. Februar 2013 bis 3. Februar 2014

3. Februar 2025 bis 3. Februar 2026

3. Februar 2037 bis 3. Februar 2038

Lebensweg

Menschen, die im Jahr der Schlange geboren wurden, wirken geheimnisvoll, romantisch und sanftmütig. Sie handeln sehr überlegt und bewahren immer die Ruhe. Hinter all der Gelassenheit verbirgt sich jedoch ein wahrer Kampfgeist. Anstatt ihr Können nach außen zu tragen, arbeiten sie im Verborgenen, um ihrem Ziel Schritt für Schritt näher zu kommen. Menschen mit dem Tierkreiszeichen Schlange sind von Natur aus sehr einfühlsam und enorm gebildet. Im Job übernehmen sie gerne die Leitung und streben eine erfolgreiche Karriere an. Dabei fehlt es ihnen allerdings an Kooperationsbereitschaft, weshalb sie oft scheitern. Aufgrund ihres Intellekts überlegt die Schlange erst zweimal, bevor sie die Dinge in Angriff nimmt. Sie kennt ihre eigenen Stärken sehr gut. Ihr Hang zu Spiritualität ist stark ausgeprägt, sie hat einen sechsten Sinn und eine tiefe Einsicht in die Dinge. Nachdem sie in ihrer Kindheit eine Menge Misserfolge erlebt, wird sie im Alter ein glückliches Leben führen.

Persönlichkeit

Die Schlange hat eine gute Beobachtungsgabe und löst Probleme mit links. Außerdem ist sie sehr anpassungsfähig. Obwohl ihre Persönlichkeit manchmal ein wenig schlicht wirkt, kann sie sehr entschlossen sein, wenn es darum geht, Entscheidungen zu treffen. Sozialkompetenz ist hingegen nicht gerade ihre Stärke. Auch verhält sie sich ihren Mitmenschen gegenüber manchmal hinterhältig.

Beruf und Karriere

Beruflich läuft es bei der Schlange richtig gut, ihr stehen alle Türen offen. Um sich stetig weiterzuentwickeln, ist es ihr wichtig, ein ganz genaues Ziel vor Augen zu haben. Ihre Scharfsinnigkeit und einzigartige Persönlichkeit ermöglichen es ihr, eigene Gedankengänge zu entwickeln. Nur ungern übernimmt sie die Konzepte anderer. Die Schlange sollte einen Beruf wählen, der sie intellektuell fordert. Eintönige Tätigkeiten langweilen sie schnell.

Liebe und Ehe

Einige Menschen sind ein wenig eingeschüchtert, wenn sie zum ersten Mal mit einer Schlangen-Persönlichkeit in Kontakt kommen, da diese oft sehr gleichgültig wirken. Lernt man dieses Tierkreiszeichen erst einmal besser kennen, wird man aber merken, wie gefühlvoll und leidenschaftlich die Schlange in Wirklichkeit ist. Gleichzei-

Nüwa, die den Himmel flickte

Nach einer Legende der chinesischen Mythologie lebte einmal eine weibliche Schöpfergöttin namens Nüwa. Ihr Kopf war der eines Menschen, ihr Körper der einer Schlange. Nachdem sich die Menschheit auf der Erde niederließ, kam es zu einem Gefecht zwischen der Wassergöttin und der Feuergöttin. Der Kampf endete in einem heillosen Durcheinander: Ein Stück des Himmels fiel auf die Erde, ein riesiges Loch tat sich auf und die Menschen lebten unter apokalyptisches Verhältnissen. Nüwa war dazu bestimmt, das Desaster zu beenden, indem sie den Himmel flickte. Dazu wählte sie fünf Steine in fünf verschiedenen Farben. Sie verbrannte die Steine, sodass eine zähe Flüssigkeit entstand und besserte damit das Loch aus. Dann hackte sie einer großen Schildkröte die Füße ab und verwendete diese als Säulen, um den gefallenen Himmel zu stützen. So konnte die Menschheit wieder in Frieden leben.

tig ist sie allerdings auch streng und betrachtet die Dinge sehr kritisch. Es fällt ihr schwer, andere Ansichten zu akzeptieren. Trotz alledem genießt sie ein sorgloses und glückliches Familien-, Ehe- und Liebesleben. Am besten passen Menschen mit den Tierkreiszeichen Büffel, Hahn und Affe zu der Schlange. Beim Tiger und Schwein ist hingegen Vorsicht geboten.

Ehe: Welches Tierkreiszeichen passt zum Schlangenmann?

Der Schlangenmann mit der Rattenfrau: Eine reibungslose Ehe ist nahezu unmöglich, da es beiden an Rationalität fehlt.

Der Schlangenmann mit der Büffelfrau: Die beiden werden eine glückliche Ehe führen. Der Schlangenmann ist gerne bereit, die Vorschläge seiner Frau anzunehmen.

Der Schlangenmann mit der Tigerfrau: Die beiden werden nicht glücklich miteinander, da ihre Meinungen und Interessen einfach zu weit auseinandergehen.

Der Schlangenmann mit der Hasenfrau: Die beiden werden eine ruhige und ausgeglichene Ehe führen. Beide sind sehr realistisch, trotzdem schlummert aber auch eine romantische Ader in dem Paar.

Der Schlangenmann mit der Drachenfrau: Diese Ehe kann nur dann funktionieren, wenn die beiden nicht tagtäglich Zeit miteinander verbringen.

Der Schlangenmann mit der Schlangenfrau: Wenn die beiden einander respektieren und lieben, können sie friedlich zusammenleben.

Der Schlangenmann mit der Pferdefrau: Es fällt den beiden sehr schwer, einander zu vertrauen.

Der Schlangenmann mit der Schaffrau: Dies ist die perfekte Ehe.

Der Schlangenmann mit der Affenfrau: Die beiden können friedlich nebeneinander her leben.

Der Schlangenmann mit der Hahnenfrau: Diese Ehe kann nur perfekt laufen. Dank der ehrlichen und offenen Hahnenfrau ist es sehr harmonisch zwischen den beiden.

Der Schlangenmann mit der Hundefrau: Obwohl sich beide bemühen, entwickelt sich ihre Beziehung nicht weiter, da beide komplett unterschiedliche Vorstellungen vom Leben haben.

Der Schlangenmann mit der Schweinefrau: Obwohl diese Ehe nicht besonders gut läuft, kann die gutherzige Schweinefrau ihren flirtfreudigen Ehemann wieder auf den richtigen Weg bringen.

Ehe: Welches Tierkreiszeichen passt zur Schlangenfrau?

Die Schlangenfrau mit dem Rattenmann: Die beiden können nur dann friedlich zusammenleben, wenn sie Verantwortung füreinander übernehmen.

Die Schlangenfrau mit dem Büffelmann: Solange die Schlangenfrau bereit ist, Kompromisse einzugehen, können die beiden friedlich zusammenleben.

Die Schlangenfrau mit dem Tigermann: Zwischen den beiden entstehen schnell Konflikte, wenn sie nicht das nötige Verständnis füreinander aufbringen.

Die Schlangenfrau mit dem Hasenmann: Solange beide überlegt handeln, ist ein friedliches Zusammenleben durchaus möglich.

Die Schlangenfrau mit dem Drachenmann: Dies ist die perfekte Ehe.

Die Schlangenfrau mit dem Schlangenmann: Solange sich die beiden respektieren und lieben, können sie friedlich zusammenleben.

Die Schlangenfrau mit dem Pferdemann: Die beiden werden ein glückliches Eheleben führen. Die Schlangenfrau wird ihrer Familie viel Wärme und Glück schenken.

Die Schlangenfrau mit dem Schafmann: Wenn beide Partner sich unentwegt bemühen, können sie ein ausgeglichenes Familienleben führen.

Die Schlangenfrau mit dem Affenmann: Die beiden werden ein harmonisches Eheleben führen.

Die Schlangenfrau mit dem Hahnenmann: Beide sind sehr gebildet und höflich. Sie ergänzen sich perfekt und führen ein recht angenehmes Eheleben.

Die Schlangenfrau mit dem Hundemann: Die beiden können glücklich zusammenleben.

Die Schlangenfrau mit dem Schweinemann: Die beiden müssen das Gute ineinander sehen und ihre Beziehung wertschätzen.

Wohlstand und Reichtum

Da die Schlange recht wohlhabend ist, bleibt sie von Geldsorgen ihr Leben lang verschont. Ihr Vermögen erarbeitet sie sich aber nicht unbedingt selbst. Meist kommt es unerwartet, zum Beispiel durch Spekulationsgewinne. Schon in ihrer Kindheit lebt die Schlange auf großem Fuß, sparsam war sie noch nie. Daher sollte sie lernen, richtig zu haushalten und ihr Geld klug zu investieren.

Das Schicksal der Schlange in den verschiedenen Tierjahren

Das Jahr der Ratte: Wenn die Schlange ihre Chancen nutzt, wird sie im Laufe ihrer Karriere zahlreiche Erfolge erzielen. Das ist allerdings noch lange kein Grund, um abzuheben.

Das Jahr des Büffels: Es gibt viele Faktoren im Leben der Schlange, die sie nicht beeinflussen kann. Daher sollte sie besonders vorsichtig sein und viele gute Taten vollbringen, um für Frieden zu sorgen.

Das Jahr des Tigers: Die Schlange wird viele Schicksalsschläge erleiden und zahlreiche Hindernisse überwinden müssen – sowohl im Job als auch in anderen Lebensbereichen. Ihren Mitmenschen gegenüber sollte sie sich besonders aufgeschlossen verhalten und nachsichtig sein.

Das Jahr des Hasen: Das Schicksal meint es in diesem Jahr nicht gut mit der Schlange. Trotzdem erhält sie viel Unterstützung von ihren Mitmenschen. Gegen Ende des Jahres wendet sich das Blatt, und vielversprechende Möglichkeiten tun sich auf.

Das Jahr des Drachen: Die Schlange wird gutes Geld verdienen und eine erfolgreiche Karriere hinlegen.

Das Jahr der Schlange: In diesem Jahr sollte die Schlange besonders vorsichtig sein, wenn sie neue Kontakte knüpft. Auch im Beruf warten gegen Jahresende einige Herausforderungen – sei es, für gute Stimmung am Arbeitsplatz zu sorgen, einen Karrieresprung hinzulegen oder auch mal einen Gang zurückzufahren.

Das Jahr des Pferdes: Der Schlange steht ein freudloses Jahr bevor. Solange sie sich gutherzig und großzügig verhält, werden sich ihre Probleme allerdings lösen. Gegen Ende des Jahres eröffnet sich ihr die Möglichkeit, selbst über ihren Gewinn zu verfügen. Dabei sollte sie allerdings stets achtsam vorgehen und ihre Habgier unterdrücken.

Das Jahr des Schafs: Zu Jahresbeginn muss die Schlange einige Hürden überwinden. Zur Jahresmitte glätten sich die Wogen allmählich, und wenn sich das Jahr dem Ende neigt, wird sich alles eingependelt haben. Die Schlange sollte mehr Zeit mit ihrer Familie verbringen. Wenn sie zur richtigen Zeit mit den richtigen Leuten am richtigen Ort ist, wird sich alles zum Guten entwickeln.

Das Jahr des Affen: Die Schlange sollte versuchen, in jeder Lage ruhig zu bleiben und sich, wenn nötig, anzupassen.

Das Jahr des Hahns: Die Schlange wird eine reibungslose Karriere hinlegen und eine Menge Geld machen. Auch von Menschen, die es nicht unbedingt gut mit ihr meinen, lässt sie sich nicht unterkriegen.

Das Jahr des Hundes: Wenn sich der Schlage die Möglichkeit bietet, ihre Heimat zu verlassen, sollte sie diese Chance nutzen, um sich beruflich weiterzuentwickeln. Sie wird viele Freunde gewinnen, ehrliche und verlässliche Menschen einstellen und diese durch gute Löhne für sich gewinnen.

Das Jahr des Schweins: Der finanzielle Erfolg steigt der Schlange zu Kopf. Sie sollte versuchen, ihre Habgier in den Griff zu bekommen.

Das Schicksal der Schlange nach den verschiedenen Geburtsmonaten des Mondkalenders

1. Mondmonat: Obwohl die Schlange hart arbeitet und sehr zielstrebig ist, fällt es ihr schwer, ihre Ziele zu erreichen. Dies liegt zum einen daran, dass sie nicht besonders talentiert ist. Zum anderen erhält sie kaum Unterstützung von ihren Mitmenschen. Sie sollte einen normalen Beruf ausüben und nicht weiter darauf hoffen, über Nacht reich zu werden – ansonsten wird sie mehr Verluste als Gewinne erzielen.

2. Mondmonat: Trotz ihrer hohen Bildung ist die Schlange nicht besonders wohlhabend. Wenn sie systematisch vorgeht, kann sie es in ihrer Karriere weit bringen. Allerdings fehlt es ihr an Zielstrebigkeit und Idealen, weshalb sie viele ihrer Vorhaben nicht zu Ende bringt.

Die Legende der weißen Schlange

Die Legende der weißen Schlange Bai Suzhen existiert bereits seit über Tausend Jahren. Um sich bei dem Gelehrten Xu Xian zu bedanken, dem sie ihr Leben zu verdanken hatte, verwandelte sie sich in ein Menschenwesen. Geschickt wie sie war, knüpfte sie Kontakt zu Xu Xian und wurde seine Frau. Nach der Hochzeit ahnte der misstrauische Mönch Fahai allerdings, dass es sich bei der Gattin Xu Xians um eine Schlange handelte, und bot ihm an, ihre wahre Gestalt aufzudecken. Und so kämpfte der Mönch gegen Bai Suzhen. Er trieb sie in ein magisches Erdenbecken und überwältigte sie schließlich in der Leifeng-Pagode, einem berühmten fünfstöckigen Turm in Hangzhou in der Provinz Zhejiang. Doch die Geschichte fand ein gutes Ende. Suzhens Sohn bestand die Chinesische Beamtenprüfung während der Qing-Dynastie mit Bravour, und als er zur Pagode kam, um Opfer darzubieten, rettete er seine Mutter. So waren die beiden nach langer Zeit endlich wieder vereint. Das Gemälde schmückt die Veranda des Sommerpalastes im Königlichen Garten der Qing-Dynastie. Es handelt sich dabei um die längste Terrasse, die in China zu finden ist. Jede freie Ecke ist mit einem bunten Gemälde geschmückt. Insgesamt befinden sich dort mehr als 14000 prächtige und farbenfrohe Gemälde. Malerei auf Gebäuden galt in China lange als traditionelle Handwerkskunst. Meist wurde Holz als Grundmaterial für die alten chinesischen Bauwerke verwendet. Die Farbe der Gemälde trägt zum Schutz des Materials bei.

3. Mondmonat: Die Schlange ist geschickt, intelligent, gelehrt und vielseitig. Sie hat Ideale und Ambitionen und gilt als flexibel und sehr durchdacht. Obwohl sie aus einer armen Familie stammt, schafft sie es, sich hochzuarbeiten und eine wichtige Position einzunehmen.

4. Mondmonat: Die Schlange verfügt über ein immenses Vermögen und erhält viel Unterstützung von ihren Mitmenschen. Sie ist außergewöhnlich einfallsreich und mit bemerkenswerten Talenten gesegnet. Schlangen, die einen Beamtenstatus genießen, sind sehr mächtig, aber auch diejenigen, die ein Handwerk ausüben, werden sich einen Namen machen. Die Schlange hat einen ausgeprägten Gerechtigkeitssinn, sowie hohe Ideale und Ziele, und kann alles erreichen, was sie sich in den Kopf setzt.

5. Mondmonat: Die aufgeweckte, kluge, gelehrte und vielseitige Schlange hat einen starken Willen. Zudem ist sie mutig und einsichtig. Sie hat einen Hang zur Philosophie und betrachtet Situationen stets im Ganzen, weshalb sie die Lage meist gut einschätzen kann. Wenn sich ihr eine Chance bietet, zögert sie nicht lange. Dank der Hilfe ihrer Mitmenschen wird sie zu einem Menschen, der zwar friedlich, aber ungemein einflussreich und machtvoll ist.

6. Mondmonat: Die wohlhabende Schlange ist für ihre guten Tugenden, aber auch für ihre Macht bekannt. Sie wird von ihren Mitmenschen respektiert und von ihrer Familie unterstützt. Sie ist ehrlich, willensstark und steckt den Kopf auch dann nicht in den Sand, wenn sie in Schwierigkeiten steckt. Sie ist außergewöhnlich teamfähig und kann gut in Führungspositionen arbeiten.

7. Mondmonat: Dank ihrer außergewöhnlichen Intelligenz, ihrer Talente, ihrer Weisheit und ihres Mutes kann die Schlange gut mit Rückschlägen umgehen. Sie hat einen hervorragenden Geschäftssinn, der ihr ein großes Vermögen einbringt.

8. Mondmonat: Schlangen, die in diesem Monat geboren wurden, sind gewissenhaft, vertrauenswürdig, gutherzig, unbeschwert, tugendhaft, respektvoll und opfern sich für ihre Eltern auf. Sie kommen gut mit anderen Menschen aus und werden von ihrem Umfeld respektiert. Mit ernsthaften Problemen oder Schicksalsschlägen wird die Schlange glücklicherweise nie konfrontiert.

9. Mondmonat: Wenn die Schlange ihre Heimat für die Karriere verlässt, wird sie eine Menge Unterstützung erhalten. Dies ermöglicht es ihr, eine Familie zu gründen und beruflich erfolgreich zu sein. Sie führt stets ein sorgloses Leben ohne größere Rückschläge zu erleiden. Ab dem vierzigsten Lebensjahr wird sie ungemein zufrieden sein.

10. Mondmonat: Die gutherzige und ehrliche Schlange setzt sich stets für andere ein. Sie wird ein sorgloses Leben führen, ohne größere Schicksalsschläge zu erleiden.

11. Mondmonat: Die Schlange sagt immer geradeheraus, was sie denkt. Sie ist sehr talentiert, mutig und würde niemals auf anderen herumhacken. Sie geht ihren eigenen Weg und verlässt ihre Heimat, um Karriere zu machen. Nachdem sie in ihrer Jugend einige Rückschläge erleidet, läuft es im Erwachsenenalter besser. Im hohen Alter wird sie ein friedliches Leben führen.

12. Mondmonat: Manchmal wirkt die Schlange ein wenig gleichgültig. Wenn sie sich etwas in den Kopf gesetzt hat, zieht sie ihr Vorhaben aber konsequent durch. Da ihre Familie aus armen Verhältnissen stammt, erlebt sie eine harte Kindheit. Doch mit Eintritt ins Erwachsenenalter geht es bergauf: Mit vierzig führt sie ein beständiges Leben und mit fünfzig stellt sich eine große Zufriedenheit ein.

Das Schicksal der Schlange nach den verschiedenen Geburtstagen des Mondkalenders

1. Tag: Das Schicksal meint es überaus gut mit der Schlange. Ihr Leben verläuft reibungslos, sie wird viele glückliche Momente erleben und ihr bahnbrechender Erfolg macht jeden Rückschlag wett.

2. Tag: Die Kindheit der klugen und vielseitigen Schlange verläuft zwar recht unspektakulär, dafür wartet im Alter ein großes Vermögen auf sie.

3. Tag: Nachdem die Kindheit der Schlange einer Achterbahnfahrt gleicht, wird sie im Alter ein glückliches Leben führen. Von ihren Brüdern oder anderen Verwandten sollte sie keine Hilfe erwarten.

4. Tag: Die Schlange ist nicht besonders wählerisch, wenn es darum geht, Freunde zu finden. Durch ihre Unachtsamkeit könnte sie in ein schlechtes Umfeld geraten. Außerdem sollte sie versuchen, ihre Launenhaftigkeit in den Griff zu bekommen, da diese ihr eine Menge Frust einbringt und sie sogar ihr Vermögen verlieren könnte.

5. Tag: Die unbeschwerte Schlange wird viele glückliche Momente erleben und stets eine Menge Spaß haben. Doch Achtung: Einflüsse von außen können großen Schaden anrichten und zu einer Scheidung, verletzten Gefühlen oder einem Vermögensverlust führen.

6. Tag: Mit Chancen gesegnet, mit Pech verflucht – trotzdem wird die Schlange ein großes Vermögen anhäufen, eine Familie gründen und eine erfolgreiche Karriere hinlegen, solange sie ihre Heimat verlässt.

7. Tag: Schlangen, die an diesem Tag geboren wurden, werden mit einigen psychischen Problemen zu kämpfen haben. Sie müssen gut aufpassen, um nicht ihr gesamtes Vermögen zu verlieren und im Alter jemanden zu haben, der für sie sorgt.

8. Tag: In ihrer Kindheit wird die Schlange sowohl glückliche Zeiten als auch Phasen der Sorge erleben. Sie muss sich auf Schicksalsschläge und zahlreiche Probleme gefasst machen. In ihrer Jugend arbeitet die Schlange hart, und ihr Leben bleibt eine Achterbahnfahrt.

9. Tag: Die Schlange gerät oft in Schwierigkeiten und hat mehr Pech als Glück. Deshalb sollte sie besonders vorsichtig sein, um nicht ihr gesamtes Vermögen zu verlieren.

10. Tag: Schlangen, die an diesem Tag geboren wurden, sind sehr mächtig und einflussreich. Sie verfügen über gute Geschäftsbeziehungen und ein beträchtliches Vermögen.

11. Tag: Ihr unermüdlicher Einsatz bei der Arbeit zahlt sich aus – Die Schlange führt ein glückliches und sorgloses Leben.

12. Tag: Die Schlange wird sich von ganz unten hocharbeiten. Dazu sollte sie von zu Hause fortgehen. Ihre Chancen auf Erfolg sind größer, wenn sie auf sich allein gestellt ist.

13. Tag: Die Kindheit der romantischen und fröhlichen Schlange verläuft zwar recht ereignislos, im Erwachsenenalter meint es das Schicksal aber sehr gut mit ihr. Im Alter wird sie wiederum einige Rückschläge erleiden.

14. Tag: Dank einer glücklichen Ehe mit einem Partner, der die Schlange enorm unterstützt, wird sie eine erfolgreiche Karriere hinlegen und einen sorglosen Alltag leben.

15. Tag: Die Karriere der Schlange läuft reibungslos. Sie gründet eine große Familie und findet ihr Glück. Wenn sie nicht aufpasst, könnten allerdings einige Probleme auftreten.

16 Tag: Da die Schlange keinerlei Rückhalt von Freunden und Familie erhält, sollte sie darauf achten, nicht in Schwierigkeiten zu geraten.

17. Tag: Die Schlange genießt ein ungemein hohes Ansehen und macht ihre Familie stolz.

18. Tag: Die Schlange wächst in einer wohlhabenden Familie auf und verfügt über ein geregeltes Einkommen. Sie bringt besonders liebenswerte Kinder zur Welt.

19. Tag: Trotz harter Arbeit lebt die Schlange ein glückliches, sorgloses Leben und genießt ein hohes Ansehen.

20. Tag: Die Schlange wird in eine wohlhabende Familie hineingeboren. Sie verfügt über ein geregeltes Einkommen, macht Gewinn und genießt ein hohes Ansehen.

21. Tag: In ihrer Kindheit ist die Schlange ein echter Pechvogel. Im Erwachsenenalter wendet sich das Blatt und sie wird reich.

22. Tag: Die Schlange genießt Beamtenstatus. Für die Arbeit verlässt sie ihre Heimat. Im Erwachsenenalter meint es das Schicksal sehr gut mit ihr und sie wird ein angenehmes Leben führen.

23. Tag: Die kluge und gelehrte Schlange ist außergewöhnlich mutig und hat ein gutes Einfühlungsvermögen. Sie wird ein sorgloses Leben führen und eine steile Karriere hinlegen.

24. Tag: Die Schlange hat unglaublich viele Verehrer und führt ein glückliches Leben. Besonders reich wird sie allerdings nie.

25. Tag: Die aufgeweckte, kluge und talentierte Schlange genießt ein hohes Ansehen und ist enorm wohlhabend.

26. Tag: Die Schlange arbeitet die meiste Zeit ihres Lebens sehr hart. Im Erwachsenenalter zahlt sich ihre Mühe aus. Sie sorgt stets gut für ihre Familie.

27. Tag: Die Schlange ist oft hilflos und erleidet eine Menge Rückschläge. Der Schlangenmann erhält zumindest Unterstützung von seiner Frau.

Hase im Schlangenwickel

Hierbei handelt es sich um einen kleinen Snack auf Mehlbasis, welchen man in den Provinzen Shanxi, Shaanxi und Gansu isst. Im loka-
len Dialekt klingt die chinesische Bezeichnung für den Snack übrigens
wie »reich sein«. Somit drückt man mit dieser Speise auch das Bedürfnis nach Reichtum und einem Leben in Wohlstand aus.

28. Tag: Zwar erlebt die Schlange einige Höhen und Tiefen, mit der Zeit kann sie ihr Vermögen aber vergrößern. Manchmal sollte sie ihre lose Zunge zügeln.

29. Tag: Die Schlange ist eine hoffnungslose Romantikerin. Viel Geld wird sie nicht verdienen.

30. Tag: Ihre Mitmenschen bewundern die Schlange für ihre erfolgreiche Karriere. Sie wird ein großes Vermögen anhäufen und ein sorgloses Leben führen.

Das Schicksal der Schlange nach den verschiedenen Geburtsstunden

23–01 Uhr: Obwohl die Schlange einige Rückschläge erleidet, wird sie eine erfolgreiche Karriere hinlegen.

01–03 Uhr: Dank Unterstützung von Freunden und Familie lebt die Schlange ein glückliches und friedvolles Leben und wird beruflich sehr erfolgreich.

03–05 Uhr: Die Sterne stehen besonders günstig. Obwohl die Schlange keine Unterstützung von ihrer Familie erhält, ist sie willensstark, mutig und einfallsreich. Dies hilft ihr dabei, sich hochzuarbeiten.

05–07 Uhr: Dank der Hilfe zahlreicher Freunde wird die Schlange ein sorgloses Leben führen. Zwar erlebt sie im Laufe ihrer Karriere einige Höhen und Tiefen, diese werden ihr allerdings kaum etwas anhaben.

07–09 Uhr: Sowohl von Fremden als auch von ihren Eltern erhält die Schlange Unterstützung, was ihre Karriere betrifft. Sie wird ein sorgloses und fröhliches Leben führen.

09–11 Uhr: Das Leben der Schlange gleicht einer wahren Achterbahnfahrt. Solange es gut läuft, muss sie nicht am Hungertuch nagen. Hat sie eine Pechphase, sieht es auch auf ihrem Bankkonto mau aus. Der Schlange fällt es schwer, enge Freundschaften zu knüpfen.

11–13 Uhr: Die Schlange hat zahlreiche Verehrer und außereheliche Affären, die ihr bei ihrer Karriere von Nutzen sein können. Trotz einiger überraschender Wendungen bleibt sie von ernsthaften Rückschlägen verschont.

13–15 Uhr: Die Schlange erlebt eine sehr glückliche Kindheit und Jugend. In ihrer Ehe wird es allerdings zahlreiche Rückschläge und Probleme geben. Immerhin erfreut sie sich bester Gesundheit.

15–17 Uhr: Die Schlange legt eine steile Karriere hin. Dabei erhält sie stets Unterstützung von ihren Mitmenschen. Jedes Unglück scheint von ihr abzuprallen. Trotz einiger überraschender Wendungen wird sie ein sorgloses Leben führen.

17–19 Uhr: In ihrer ersten Lebenshälfte muss die Schlange einen steinigen Weg zurücklegen. Dank der Hilfe ihrer Mitmenschen wird sie rasend schnell Karriere machen. Ihr Erfolg verhilft ihr zu einem beträchtlichen Vermögen.

19–21 Uhr: Die Schlange erlebt viele glückliche Momente. Sie knüpft oft Freundschaften mit dem anderen Geschlecht, die dieselben Interessen teilen. Ihre Karriere verläuft ungemein erfolgreich. Obwohl sie mit einigen gesundheitlichen Problemen zu kämpfen hat und von Zeit zu Zeit Geld verliert, schafft sie es dank hilfsbereiter Menschen immer wieder, das Ruder herumzureißen.

21–23 Uhr: Die vom Pech verfolgte Schlange sollte ihre Heimat verlassen, um Karriere zu machen. Auch sollte sie sich nicht in endlose Diskussionen über Kleinigkeiten verwickeln lassen.

Kapitel 7
Das Pferd

Das Pferd nimmt im Vergleich zu den anderen Tierkreiszeichen einen ganz besonderen Platz im Herzen der Chinesen ein. Da es von einem unerschrockenen Geist erfüllt ist, der dem des kräftigen Drachenwesens gleicht, half das Pferd dem Volk einst über die Enttäuschung hinweg, dass Drachen im wahren Leben nicht existieren. Aus diesem Grund ersetzt das Pferd den Drachen in der realen Welt. Im Chinesischen Horoskop belegt es den siebten Platz und steht für Romantik und Begeisterung.

Die Mondjahre des Pferdes im Sonnenkalender

4. Februar 1918 bis 4. Februar 1919

4. Februar 1930 bis 4. Februar 1931

4. Februar 1942 bis 4. Februar 1943

4. Februar 1954 bis 3. Februar 1955

4. Februar 1966 bis 3. Februar 1967

4. Februar 1978 bis 3. Februar 1979

4. Februar 1990 bis 3. Februar 1991

4. Februar 2002 bis 3. Februar 2003

4. Februar 2014 bis 3. Februar 2015

4. Februar 2026 bis 3. Februar 2027

4. Februar 2038 bis 3. Februar 2039

Lebensweg

Menschen, die im Jahr des Pferdes geboren wurden, verfügen über eine besondere Wahrnehmung und einen scharfen Verstand. Im Übrigen sind sie sowohl körperlich als auch psychisch sehr belastbar. Rückschläge können ihnen kaum etwas anhaben. Sie sind ungemein zielstrebig und haben Führungsqualitäten. Auch gelten sie als außergewöhnlich klug, einfallsreich und engagiert. Ihr Wille ist unbezwingbar. Auch wenn ihnen Steine in den Weg gelegt werden, lassen sie sich nicht aufhalten. Oft gelingt ihnen, was andere für unmöglich halten. Menschen mit dem Tierkreiszeichen Pferd knüpfen schnell Freundschaften und kommen mit allen gut aus. Obwohl das Karriereglück anfangs noch auf sich warten lässt, wendet sich das Blatt im Erwachsenenalter langsam – nicht zuletzt dank vieler hilfsbereiter Menschen, die das Pferd dabei unterstützen, beruflich durchzustarten. Ein ausgeglichener und kluger Geschäftspartner an seiner Seite kann durchaus von großem Nutzen sein. Doch Achtung: Bloß nicht auf halbem Weg kehrtmachen!

Persönlichkeit

Das Pferd ist aufgeschlossen, romantisch, begeisterungsfähig und freiheitsliebend. Zudem ist es manchmal zügellos, liebt die Unabhängigkeit, geht offen auf andere zu, kann sich gut artikulieren und ist eine echte Frohnatur. Seine Freunde und Mitarbeiter bauen schnell Vertrauen zu ihm auf. Pferde spielen gerne den Helden und setzen sich für Schwächere ein, wofür sie Lob und Anerkennung erhalten. Allerdings fällt es ihnen schwer, andere Perspektiven einzunehmen und Vorschläge ihrer

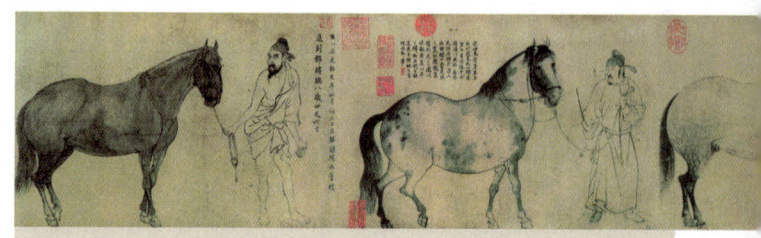

Fünf Pferde

Höhe: 29,3 cm. Länge: 225 cm.
Tintengemälde.
Palastmuseum Peking.

Dieses Gemälde von Li Gonglin (1049–1106), einem Maler der Nördlichen Song-Dynastie, erzählt eine Geschichte von ewigem Ruhm. Das Pferd ist das Tier, das dem Menschen am liebsten und nächsten ist. Es war stets von unendlicher Wichtigkeit, sei es für den Transport oder im Krieg. Galoppierende Pferde waren daher ein gängiges Bildmotiv. Nach der Tang-Dynastie wählten Künstler immer öfter gezäumte Pferde für ihre Werke. Bei dem Gemälde, das oben zu sehen ist, handelt es sich um eine längliche Bildrolle, die in fünf Einheiten unterteilt ist. Der Charakter und die Musterung der Pferde werden durch einfache Tuschlinien ausgedrückt. Die Tinte wurde sparsam aufgetragen, die gelungenen Pinselstriche sorgen für eine besondere Harmonie, die das Gemälde zur idealen Vorlage eines solchen Bildthemas für die nächsten Generationen machen sollte. Kein Wunder also, dass Li Gonglin schon bald als »Meister des Zeichnens« bekannt war.

Mitmenschen anzunehmen. Auch sind Pferde schlechte Verlierer. Auf der anderen Seite sind sie einfallsreich, einfühlsam und können gut mit Veränderungen umgehen. Oft können sie Dinge vorhersagen, die anderen Menschen gar nicht in den Sinn kommen. Ihre große Schwäche? Geheimnisse nicht für sich zu behalten.

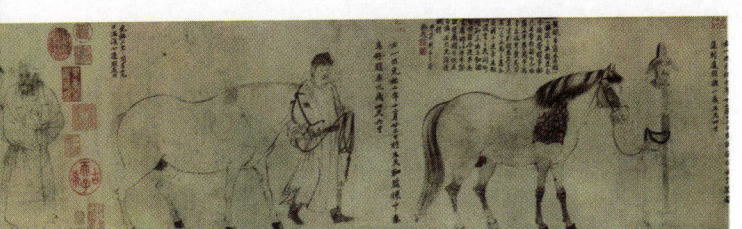

Beruf und Karriere

Aufgrund seiner Vielseitigkeit sollte das Pferd keinen monotonen Job ausüben. Am besten ist es in einem Beruf aufgehoben, in dem das selbstbewusste Pferd seinen Talenten freien Lauf lassen kann.

Liebe und Ehe

Das Pferd hält stets an seinen Prinzipien und Praktiken fest. Auch zur Ehe haben Pferde eigene Ansichten. Entscheidungen treffen sie immer sehr wohlüberlegt. Sobald das Ja-Wort gefallen ist, werden sie ihren Partner oder ihre Partnerin ausnahmslos mit größter Zärtlichkeit behandeln. Dabei spielt es keine Rolle, ob die Ehe so läuft, wie das Pferd es sich vorgestellt hat. Es ist nicht nur enorm verantwortungsbewusst, sondern auch realistisch. Ideale Partner sind Menschen, die im Jahr des Tigers, des Schafs oder des Hundes geboren wurden. Vor der Ratte, dem Büffel und dem Hasen sollte es hingegen auf der Hut sein.

Ehe: Welches Tierkreiszeichen passt zum Pferdemann?

Der Pferdemann mit der Rattenfrau: Die beiden können friedlich zusammenleben. Allerdings sollten sie Streitsituationen mit anderen Menschen aus dem Weg gehen.

Der Pferdemann mit der Büffelfrau: Die Büffelfrau muss eine Menge mitmachen und bereit sein, Kompromisse einzugehen.

Der Pferdemann mit der Tigerfrau: Beide sprühen förmlich vor Energie und verfolgen gemeinsame Ziele.

Der Pferdemann mit der Hasenfrau: Sowohl der Pferdemann als auch die Hasenfrau müssen sich erwachsen verhalten, damit eine tiefe, zärtliche Liebe entstehen kann.

Der Pferdemann mit der Drachenfrau: Die beiden werden eine sehr glückliche Ehe führen.

Der Pferdemann mit der Schlangenfrau: Die beiden sollten einander mit Respekt und Liebe begegnen.

Der Pferdemann mit der Pferdefrau: Diese Ehe wird überaus glücklich sein. Die Pferdefrau sorgt für ein herzliches, harmonisches Familienleben.

Der Pferdemann mit der Schaffrau: Solange der Pferdemann gut für seine Gattin sorgt, werden die beiden ein liebevolles und zärtliches Familienleben führen.

Der Pferdemann mit der Affenfrau: Solange die beiden aus wahrer Liebe heiraten und weder Mann noch Frau Hintergedanken haben, können sie friedlich zusammenleben.

Der Pferdemann mit der Hahnenfrau: Solange sich der Pferdemann nicht von seiner Frau entfernt, werden die beiden ein glückliches Eheleben führen.

Der Pferdemann mit der Hundefrau: Die beiden können durchaus glücklich miteinander werden.

Der Pferdemann mit der Schweinefrau: Die beiden werden eine glückliche Ehe führen. Allerdings sollte der Pferdemann die Finger von anderen Frauen lassen. Die Schweinefrau muss wiederum ihr Temperament zügeln.

Ehe: Welches Tierkreiszeichen passt zur Pferdefrau?

Die Pferdefrau mit dem Rattenmann: Diese Ehe wird relativ normal verlaufen. Beiden fällt es schwer, andere Perspektiven einzunehmen. Auch tendiert das Paar dazu, sehr impulsiv zu handeln.

Die Pferdefrau mit dem Büffelmann: Ein Zusammenleben wird sich als schwierig herausstellen, da die beiden einfach nicht auf einer Wellenlänge sind.

Die Pferdefrau mit dem Tigermann: Perfekter könnte es kaum laufen. Der Tigermann lässt seiner Frau den gewünschten Freiraum.

Die Pferdefrau mit dem Hasenmann: Der Hasenmann wird seiner Frau stets ein treuer Freund sein.

Die Pferdefrau mit dem Drachenmann: Obwohl alles nach Plan verläuft, ist es schwer zu sagen, ob diese Ehe Bestand hat.

Die Pferdefrau mit dem Schlangenmann: Perfekter geht es kaum.

Die Pferdefrau mit dem Pferdemann: Die beiden passen gut zueinander, werden eine harmonische Ehe führen und hinreißende Kinder zur Welt bringen. Die Pferdefrau wird allerdings einige Kompromisse eingehen müssen.

Die Pferdefrau mit dem Schafmann: Diese Ehe wird recht durchschnittlich verlaufen. Allerdings schenkt der Schafmann seiner Familie keine besondere Aufmerksamkeit.

Die Pferdefrau mit dem Affenmann: Diese Ehe ist zum Scheitern verurteilt, da beide dazu tendieren, einander zu manipulieren und die Gefühle des jeweils anderen zu verletzen.

Die Pferdefrau mit dem Hahnenmann: Die beiden passen nicht gut zusammen.

Die Pferdefrau mit dem Hundemann: Dies wird eine überaus glückliche Ehe. Der Hundemann tut einfach alles für seine Frau.

Die Pferdefrau mit dem Schweinemann: Diese Ehe wird nicht besonders glücklich verlaufen. Der Schweinemann sehnt sich nach Zuneigung, die seine Frau ihm nicht geben kann. Diese wiederum ist vom überaus gesunden Selbstbewusstsein ihres Gatten genervt.

Reichtum und Wohlstand

Menschen, die im Jahr des Pferdes geboren wurden, verdienen dank ihres beruflichen Erfolgs einen Haufen Geld. Allerdings durchläuft das Pferd im Laufe seiner Karriere viele Veränderungen, was einen ernsthaften Vermögensverlust nach sich zieht. Es ist also sehr große Vorsicht

Galoppierende Pferde von Xu Beihong

Dieses Gemälde wurde im Jahre 1941 angefertigt. Das Pferdemotiv war das Markenzeichen des Malers Xu Beihong (1895–1953). Er malte die Tiere in den verschiedensten Haltungen, die Kraft und Leidenschaft ausdrücken. Dieser Effekt entstand nicht zuletzt dadurch, dass Xu Beihong seine Gemälde stets aus der Energie des Augenblicks heraus schuf.

geboten! Das Pferd genießt es, im Luxus zu leben und zu zeigen, was es hat. Es schmeißt mit dem Geld förmlich um sich. Diese »Wie gewonnen, so zerronnen«-Mentalität sollte es schnellstmöglich ablegen, damit es nicht all seine Ersparnisse ausgibt.

Das Schicksal des Pferdes in den verschiedenen Tierjahren

Das Jahr der Ratte: In diesem Jahr läuft es nicht besonders gut. Das Pferd gerät unter Umständen in einen Rechtsstreit. Dank Hilfe von seinen Mitmenschen hält diese Pechsträhne allerdings nicht allzu lange an.

Das Jahr des Büffels: Alles läuft wie geplant. Auch, wenn mal Probleme auftreten, macht das Pferd aus jeder Situation das Beste. Trotzdem sollte es stets achtsam sein und nicht immer aus der Reihe tanzen. Der Pferdemann sollte sich außerdem vom Glücksspiel fernhalten und nicht jeder Frau verfallen.

Das Jahr des Tigers: Mit hoher Wahrscheinlichkeit verliert das Pferd in diesem Jahr einiges an Geld. Es wird mehrere Rückschläge erleiden und sich generell in einer misslichen Lage befinden. Von ernsthaften Problemen bleibt es aber verschont. Am besten versucht es, sich ein wenig zurückhalten und gelassen zu bleiben. Auch sollte es ganz genau überlegen, mit wem es sich anfreundet – denn sonst könnte es in Schwierigkeiten geraten.

Das Jahr des Hasen: Das Pferd ist zuversichtlich. Alles läuft reibungslos und auch finanziell geht es ihm gut. Trotzdem sollte es bei allem, was es tut, achtsam sein – vor allem, was zwischenmenschliche Beziehungen angeht.

Das Jahr des Drachen: In diesem Jahr befindet sich das Pferd häufig in ungünstigen Lagen und muss einige Rückschläge erleiden. Daher gilt: Alles zu seiner Zeit.

Das Jahr der Schlange: Gesundheitlich geht es dem Pferd in diesem Jahr nicht besonders gut, es ist häufig krank und müde. Was immer es auch in Angriff nimmt, geht schief. Es sollte mehr gute Taten vollbringen, spenden und genügsamer werden.

Das Jahr des Pferdes: Die Karriere könnte nicht besser laufen. Das Pferd ist sehr wohlhabend und wird mit etwas Glück sogar befördert.

Das Jahr des Schafs: Das Jahr beginnt mit kleineren Gewinnen und endet mit großem Erfolg. Trotzdem kommen von Zeit zu Zeit immer wieder Hürden und Schwierigkeiten auf das Pferd zu. Um Reichtum zu erlangen, sollte es sich nicht in Gefahr begeben und seine Gier im Zaum halten.

Das Jahr des Affen: In diesem Jahr wird das Pferd sowohl Erfolge als auch Niederlagen erleben. Unter dem Strich wird es aber mehr Glück als Pech haben.

Das Jahr des Hahns: Das Jahr beginnt sehr erfolgreich, und auch im weiteren Verlauf bieten sich dem Pferd gute Möglichkeiten, die sich meist auch finanziell auszahlen. Diese Chancen sollte es unbedingt ergreifen, um ein eigenes Unternehmen zu gründen.

Das Jahr des Hundes: In diesem Jahr erlebt das Pferd eine wahre Achterbahnfahrt. Solange es seine Chancen nutzt, kann es aber einige Erfolge erzielen. Wenn es durch Höhen und Tiefen geht, sollte es versuchen, mutig und stark zu bleiben.

Das Jahr des Schweins: In diesem Jahr ist es nicht empfehlenswert, nach Reichtum zu streben. Vielmehr sollte das Schwein seine Freunde zu Rate ziehen.

Das Schicksal des Pferdes nach den verschiedenen Geburtsmonaten des Mondkalenders

1. Mondmonat: Pferde, die in diesem Monat geboren wurden, sind tugendhaft, optimistisch, kontaktfreudig, aufgeschlossen und gelehrt. Allerdings haben sie auch eine Schwäche: Sie geben sich sehr schnell zufrieden und streben daher keine höheren Karriereziele an. Sie knüpfen schnell Freundschaften und genießen ihr Leben in vollen Zügen.

2. Mondmonat: Das kluge Pferd hat nicht nur gute Manieren, sondern achtet auch sehr auf sein Äußeres. Es liebt die Freiheit und hasst das Gefühl, eingeschränkt zu werden. Dank Unterstützung von Verwandten übersteht es auch harte Zeiten und unerwartete Situationen ohne größere Probleme.

3. Mondmonat: Das Schicksal meint es gut mit dem Pferd. Es ist ungemein klug, gelehrt, vielseitig und zielstrebig. Dank der Unterstützung seines Vaters und anderer Menschen wird das Pferd stets ein sorgloses Leben führen. Egal, was es in Angriff nimmt, der Erfolg lässt nie lange auf sich warten. Auch kommt das Pferd gut mit seinen Mitmenschen aus und ist allseits beliebt.

4. Mondmonat: Das Pferd arbeitet hart, und das zahlt sich aus. Allerdings haut es seinen Verdienst auch immer direkt auf den Kopf. Das Pferd muss seinen Weg allein bestreiten, da es keinerlei Unterstützung von seinen Verwandten erhält. Es wird eine steile Karriere hinlegen, sofern es zielstrebig ist und sich trotz Schicksalsschlägen und Schwierigkeiten nicht unterkriegen lässt.

5. Mondmonat: Pferde, die in diesem Monat geboren wurden, müssen ihren Weg allein bestreiten, da sie keinerlei Unterstützung von ihren Verwandten erhalten. Nachdem sie eine Menge durchmachen müssen, schaffen

sie doch noch den Durchbruch und leben im Alter ein erfolgreiches und glückliches Leben.

6. Mondmonat: In seinen jungen Jahren hat das Pferd nicht besonders viel Glück. Es wird sich von ganz unten hocharbeiten müssen. Erst, wenn sie das 35. oder 36. Lebensjahr erreicht haben, werden sie ein eigenes Unternehmen gründen. Mit 40 Jahren wendet sich das Blatt, und mit 50 wird das Pferd ein sorgloses Leben führen.

7. Mondmonat: Das aufgeweckte, kluge, elegante, attraktive und tatkräftige Pferd bleibt Zeit seines Lebens von ernsthaften Problemen verschont und wird ein glückliches und friedliches Leben führen.

8. Mondmonat: Pferde, die in diesem Monat geboren wurden, sind klug, talentiert, unendlich weise und mutig. Ihren Mitmenschen gegenüber verhalten sie sich aufopfernd und tugendhaft. Sie sind ehrlich und pflegen besonders enge Freundschaften zu ihren Liebsten. Auch im Job lässt der Erfolg nicht lange auf sich warten: Dank ihrer eigenen Bemühungen und der Hilfe anderer klettern sie auf der Karriereleiter stetig nach oben und erbringen gute Leistungen. Von ernsthaften Problemen bleiben sie verschont und führen ein glückliches und langes Leben.

9. Mondmonat: Ohne besondere Ziele und Ambitionen passiert nicht viel im Leben des Pferdes. Es scheint planlos durch den Alltag zu irren, obwohl es eigentlich sehr talentiert und intelligent ist. Wenn es hingegen fleißig ist und hart arbeitet, wird dies mit einer steilen Karriere belohnt.

10. Mondmonat: Das Pferd erlebt sowohl glückliche als auch harte Zeiten. In seiner Kindheit gibt es niemanden, auf den es sich verlassen kann. Probleme und Schwierigkeiten häufen sich, weshalb das Pferd nicht gerade ein unbeschwertes Leben führt. Zum Glück ist es sehr wil-

lensstark und leistungsfähig und geht die Dinge klug an. Im Erwachsenenalter bekommt das Pferd Hilfe von seinen Mitmenschen, was ihm die Tür zu einem Leben in Wohlstand öffnet.

11. Mondmonat: Nachdem das aufrichtige und zielstrebige Pferd in seinen jungen Jahren nur ein durchschnittliches Leben führt, wird es im Alter besonders glücklich sein.

12. Mondmonat: Pferde, die in diesem Monat geboren wurden, sind loyal und sorgen liebevoll für ihre Eltern. Sie werden ein glückliches und friedliches Leben in Ruhm und Wohlstand führen.

Tian Ji und das Pferderennen

Gemeinsam mit anderen Prinzen des Qi-Staates pflegte Tian Ji häufig an Pferderennen teilzunehmen. Dabei ging es stets um eine Menge Geld. Sun Bin stellte fest, dass die Pferde von Tian Ji es durchaus mit denen der anderen Teilnehmer aufnehmen können. Die Pferde wurden in drei verschiedene Klassen unterteilt, nämlich in »die Besten«, »die Mittelmäßigen« und »die Schwachen«» Sun Bin garantierte Tian Ji: »Ich kann dir dabei helfen, zu gewinnen. Alles, was du dafür tun musst, ist einen Batzen Geld zu investieren.« Tian Ji glaubte Sun Bin, schlug ein und setzte eine Menge Geld auf sein Pferd, um gegen den König des Qi-Staates und all die anderen Prinzen anzutreten. Als das Rennen startete, riet Sun Bin: »Lasse nun dein schwaches Pferd gegen ihr bestes antreten, lasse dein bestes Pferd gegen ihr mittelmäßiges antreten und lasse dein mittelmäßiges gegen ihr schwaches Pferd antreten.« Als die drei Rennen geschehen waren, hatte Tian Ji eines verloren und zwei gewonnen und erhielt einen Haufen Geld vom König des Qi-Staates. Zwar hatte er dieselben Pferde ins Rennen geschickt, diese aber in unterschiedlicher Reihenfolge antreten lassen und so das Ruder herumgerissen.

Das Schicksal des Pferdes nach den verschiedenen Geburtstagen des Mondkalenders

1. Tag: Das Pferd muss eisern seine Ziele verfolgen, da es im Leben nichts geschenkt bekommt. Wenn es erfolgreich sein will, darf es nicht aufgeben.

2. Tag: Von seinen Eltern kann das Pferd keine Hilfe erwarten. Generell kommt es innerhalb der Familie häufig zu Konflikten, die das Pferd in Schwierigkeiten bringen.

3. Tag: Pferde, die an diesem Tag geboren wurden, sind sehr freundlich. Gerade diese Güte führt aber auch häufig zu Missverständnissen.

4. Tag: Während es in der Liebe gut läuft, sieht es in puncto Finanzen nicht ganz so rosig aus.

5. Tag: Das Pferd ist vielseitig und arbeitet hart. Das zahlt sich aus: Ruhm und Wohlstand bestimmen sein Leben.

6. Tag: Pferde, die an diesem Tag geboren wurden, stehen meist in engem Kontakt mit Menschen, die besonders mächtig und wohlhabend sind. Auch sie selbst werden eine Menge Geld machen und ein glückliches Leben führen.

7. Tag: Das Schicksal des Pferdes ist es, allein zu sein. Auch wird es keine Anstellung im öffentlichen Dienst ergattern. Allerdings stehen die Chancen gut, dass es ein eigenes Unternehmen gründet.

8. Tag: Obwohl das Pferd sich selten in seiner Heimat blicken lässt und meist unterwegs ist, erhält es viel Unterstützung von seinen Mitmenschen, sodass es ein rundum sorgloses Leben führen kann.

9. Tag: Das kluge, einfallsreiche und enorm talentierte Pferd wird einen hohen Bildungsweg einschlagen und in Wohlstand leben.

10. Tag: Pferde, die an diesem Tag geboren wurden, zeichnen sich durch ihre Vielseitigkeit aus. Sie machen

sich einen Namen und legen eine steile, ungemein erfolgreiche Karriere hin.

11. Tag: Die Mühen des Pferdes zahlen sich nicht aus. Auch hat es keine Familie, auf die es bauen kann. Generell bieten sich dem Pferd kaum Möglichkeiten und auf eine Pechsträhne folgt die nächste.

12. Tag: Das Pferd gerät häufig an Menschen, die gemeine Hintergedanken haben. Zudem verdient es nur wenig und führt dadurch ein sehr unbeständiges Leben.

13. Tag: Das attraktive und ehrliche Pferd lebt ein sehr beständiges Leben. Das bringt ihm das Vertrauen seiner Mitmenschen ein.

14. Tag: Das Pferd erfreut sich bester Gesundheit und ist stets friedlich gestimmt. Ein gutes Benehmen und Zuverlässigkeit sind ihm ungemein wichtig. Es wird im öffentlichen Dienst arbeiten, wo es eine Machtposition besetzt.

15. Tag: Pferde, die an diesem Tag geboren wurden, sind enorm großzügig und verteilen gerne Komplimente. Im Laufe ihres Lebens gehen sie durch viele Höhen und Tiefen.

16. Tag: Das Pferd ist von Natur aus frech und cholerisch. Es erlebt viele Höhen und Tiefen, hat mal Glück, mal Probleme im Leben.

17. Tag: Die Ehe des Pferdes gleicht einer Achterbahnfahrt, die mehr Stürze in die Tiefe als Höhenflüge mit sich bringt.

18. Tag: Mit viel Energie und einem starken Willen trägt das Pferd in hohem Maße zum Wohl seiner Mitmenschen bei. Dennoch wird es mit einigen Schwierigkeiten und Misserfolgen konfrontiert.

19. Tag: Das kluge und außergewöhnlich talentierte Pferd wird eine steile Karriere hinlegen und ziemlich berühmt werden.

20. Tag: Das Schicksal meint es gut mit dem Pferd: Es wird nicht nur viele Kinder bekommen und ein langes und glückliches Leben führen, sondern auch im Beruf erfolgreich sein und reich werden.

21. Tag: Beim anderen Geschlecht kommt das Pferd sehr gut an. Trotzdem wird sein Leben ein einziger Scherbenhaufen sein, weshalb es keines seiner Ziele erreichen kann.

22. Tag: Im Laufe seines Lebens wird das Pferd durch zahlreiche Höhen und Tiefen gehen. Im Alter kann es nicht auf die Unterstützung seiner Kinder bauen.

23. Tag: Das vielseitige Pferd kann eine Stelle im öffentlichen Dienst ergattern und ein Vermögen anhäufen, sofern es sich aktiv darum bemüht. Ab und zu gerät es zwar in Schwierigkeiten, diese stellen aber nie eine Gefahr dar.

24. Tag: Der Pferdemann kann seine Finger weder vom Alkohol noch von den Frauen lassen.

25. Tag: Pferde, die an diesem Tag geboren wurden, werden eine steile Karriere hinlegen und in Wohlstand leben. Dies haben sie zum Teil auch ihren Freunden zu verdanken. Von einem harmonischen Familienleben kann das Pferd allerdings nur träumen.

26. Tag: Das Pferd erlebt sowohl harte Zeiten als auch echte Glückssträhnen. Es ist unglaublich vermögend und

Die Ernennung zum Markgraf

Dieses Bild steht in der chinesischen Tradition für Glück. Das Wort »Affe« klingt im Chinesischen wie »Markgraf«, wodurch ein Wortspiel entstand. Im Alten China gab es fünf verschiedene Adelsgrade. Der Markgraf belegte den zweiten Rang. Hier steht er gleichermaßen für offizielle Amtsträger sowie Adelige. »Der Affe auf dem Pferd« bedeutet im Chinesischen »sofort«. Das Bild bedeutet also, dass jemand in unmittelbarer Zukunft zum Markgraf oder Amtsträger ernannt wird.

beruflich sehr erfolgreich, es führt ein Leben in Wohlstand.

27. Tag: Das Pferd arbeitet sein Leben lang sehr hart. Trotzdem wird es nie das große Geld machen, sondern nur kleine, aber konstante Gewinne erzielen. Insgesamt führt das Pferd ein gutes Leben.

28. Tag: Mit hoher Wahrscheinlichkeit wird das Pferd mehr als einmal im Gefängnis sitzen. Deshalb ist stets große Vorsicht geboten.

29. Tag: Das Schicksal meint es gut mit dem Pferd. Ob Ehe oder Karriere: All seine Träume werden wahr.

30. Tag: Das kluge, vielseitige und attraktive Pferd wird eine glückliche Ehe führen, und hat ein vielversprechendes und friedliches Leben vor sich.

Das Schicksal des Pferdes
nach den verschiedenen Geburtsstunden

23–01 Uhr: Ohne fremde Hilfe wird das Pferd in finanzielle Schwierigkeiten geraten. Solange es hart arbeitet, steht dem Erfolg allerdings nichts im Wege.

01–03 Uhr: Dank der Unterstützung von seiner Familie und anderen Menschen führt das Pferd ein sehr angenehmes Leben. Zudem macht es schnell Karriere und verdient eine Menge Geld. Es ist stets offen, fröhlich und frei von Sorgen.

03–05 Uhr: Das Pferd ist willensstark und lässt sich auch in harten Zeiten nicht unterkriegen. Trotz einiger Probleme und Schwierigkeiten wird es am Ende sehr erfolgreich sein. Im Alter führt es ein glückliches Leben und wird von seinen Kindern gut umsorgt.

05–07 Uhr: Das Schicksal meint es gut mit dem Pferd. Dank der Hilfe von Verwandten und guten freundschaftlichen Kontakten legt das Pferd eine steile Karriere hin. Allerdings gerät es womöglich in einige Konflikte.

07–09 Uhr: Ohne Hilfe von seiner Familie und anderen Menschen wird das Pferd Schwierigkeiten haben, beruflich durchzustarten. Es sollte sich so früh wie möglich Ziele setzen und eine Tätigkeit wählen, die ihm zusagt.

09–11 Uhr: Pferde, die zu dieser Uhrzeit geboren wurden, werden im Laufe ihres Lebens verschiedene Berufe ausüben. Ein bestimmter Berufszweig wird es ihm jedoch besonders antun. Es sollte versuchen, möglichst nicht in Streitsituationen zu geraten.

11–13 Uhr: Dank der Unterstützung seiner Mitmenschen wird das Pferd eine glückliche Familie gründen und viele Kinder bekommen, ohne mit größeren Problemen konfrontiert zu werden.

13–15 Uhr: Wenn das Pferd sich beruflich der Politik widmet, wird man ihm eine hohe Position im öffentlichen Dienst anbieten. Zudem kann es unendlich reich werden und ein Leben in Wohlstand führen.

15–17 Uhr: Das Pferd zeichnet sich durch seinen ausgeprägten Gerechtigkeitssinn und seine Sturheit aus. Es erledigt die Dinge stets ordentlich und verhält sich auch seiner Familie gegenüber höchst unparteiisch. Trotz seiner hohen Position im öffentlichen Dienst hat es nur wenige Freunde. Diese sind jedoch mächtig und einflussreich.

17–19 Uhr: Das Pferd gehört der Oberschicht an und genießt ein glückliches Familienleben in Wohlstand. Auch der berufliche Erfolg lässt nicht lange auf sich warten. Die steile Karriere hat es nicht nur seiner Intelligenz, sondern auch der Unterstützung zu verdanken, die es von seinen Mitmenschen erhält.

19–21 Uhr: Das talentierte Pferd ist sehr wissbegierig und lernt schnell. Es wird ein sorgloses Leben führen und eine erfolgreiche Karriere hinlegen. Allerdings sollte es sich vor Menschen in Acht nehmen, die womöglich gemeine Hintergedanken haben und für eine Menge Höhen und Tiefen im Leben des Pferdes sorgen können.

21–23 Uhr: Pferde, die zu dieser Uhrzeit geboren wurden, sind sehr leistungsfähig und gehen offen auf ihre Mitmenschen zu. Sie würden andere niemals schikanieren und glauben stets an das Gute im Menschen. Allerdings können sie nicht besonders gut mit Geld umgehen. In ihren ersten Lebensjahren stehen die Sterne nicht sehr günstig. Im Erwachsenenalter wendet sich das Blatt jedoch, und im Alter leben sie ein ungemein glückliches Leben.

Kapitel 8
Das Schaf

Im traditionellen China steht das Schaf für Schönheit und Freundlichkeit. Früher verband man es vor allem mit besonders tugendhaften Menschen. So bezieht sich auch der Sinnspruch »Das Schaf kniet nieder, während es die Milch seiner Mutter saugt« auf den von Konfuzius geprägten Begriff der Kindlichen Pietät. Das Schaf belegt den achten Rang des Chinesischen Horoskops. In der chinesischen Astrologie wird das Tierkreiszeichen statt »Schaf« in manchen Regionen auch »Ziege« genannt. Mit beiden Begriffen ist aber dasselbe Tierkreiszeichen gemeint.

Die Mondjahre des Schafs im Sonnenkalender

5. Februar 1919 bis 4. Februar 1920

5. Februar 1931 bis 4. Februar 1932

5. Februar 1943 bis 4. Februar 1944

4. Februar 1955 bis 4. Februar 1956

4. Februar 1967 bis 4. Februar 1968

4. Februar 1979 bis 4. Februar 1980

4. Februar 1991 bis 3. Februar 1992

4. Februar 2003 bis 3. Februar 2004

4. Februar 2015 bis 3. Februar 2016

4. Februar 2027 bis 3. Februar 2028

4. Februar 2039 bis 3. Februar 2040

Lebensweg

Menschen, die im Jahr des Schafs geboren wurden, führen ein glückliches und finanziell stabiles Leben. Sie sind besonnen, zuverlässig und unternehmungslustig. Auch kommen sie gut mit anderen Menschen aus, sind gesellig und knüpfen schnell Freundschaften. Wenn sie sehen, dass jemand in Schwierigkeiten steckt, sind sie sofort zur Stelle. Aufgrund ihrer Großzügigkeit sind sie bei ihren Mitmenschen sehr beliebt. Mit ein wenig Hilfe können sie die Chancen nutzen, die sich ihnen bieten, und so ihre Karriere ankurbeln.

Persönlichkeit

Das Schaf ist sanftmütig und verständnisvoll und kümmert sich rührend um seine Eltern. Da es sehr genügsam ist und sich mit dem zufrieden gibt, was es hat, führt es ein äußerst glückliches Leben. Äußerlich mag es zart wirken, doch dahinter verbirgt sich ein wahrer Kampfgeist. Menschen mit dem Tierkreiszeichen Schaf strotzen nur so vor Lebensfreude. Allerdings können sie nicht gut mit Rückschlägen umgehen. Sobald es schwierig wird, werden sie pessimistisch und ängstlich.

Beruf und Karriere

Das Schaf zeichnet sich durch sein vorausschauendes Denken und seine enorme Willenskraft aus. Durch seine einzigartigen Fähigkeiten kann es gut in Bereichen arbeiten, in denen sowohl seine Besonnenheit und seine gute Auffassungsgabe als auch sein Engagement und Optimismus gefragt sind. Auch ein simpler, aber sicherer Job eignet sich sehr für das Schaf. Da es ihm an Abenteuerlust fehlt, sollte es keine Pionierrolle einnehmen oder eine allzu umkämpfte Position anstreben.

Liebe und Ehe

Menschen mit dem Tierkreiszeichen Schaf sind sehr verantwortungsbewusst und kümmern sich nicht nur rührend um ihre Ehepartner, sondern behandeln auch ihre Kinder mit größter Rücksicht. Für Schaffrauen läuft es in der Liebe meist gut: Sie haben keine Probleme, einen passenden Ehemann zu finden. Der Schafmann hat möglicherweise mit einigen Höhen und Tiefen zu kämpfen, wenn es um die Liebe geht. Um diese Phase zu überwinden, muss er sein Gemüt gut beherrschen. Menschen mit dem Tierkreiszeichen Schaf passen gut mit Hasen, Pferden und Schweinen zusammen. Bei der Ratte, dem Büffel und dem Hund ist allerdings Vorsicht geboten.

Ehe: Welches Tierkreiszeichen passt zum Schafmann?
Der Schafmann mit der Rattenfrau: Dies ist keine ideale Ehe. Beide Parteien müssen sich bemühen, damit ein friedliches Zusammenleben möglich ist.

Der Schafmann mit der Büffelfrau: Im Normalfall ist ein friedliches Zusammenleben gut möglich. Die beiden behandeln einander sehr höflich – fast wie Gäste.

Der Schafmann mit der Tigerfrau: In dieser Ehe läuft es nicht besonders gut.

Der Schafmann mit der Hasenfrau: Selbst, wenn sich die beiden sehr gut verstehen, können sie zwar nebeneinanderher leben – von Zuneigung ist allerdings nicht viel zu spüren.

Der Schafmann mit der Drachenfrau: Diese Ehe wird alles andere als friedlich verlaufen, da beide gegensätzliche Ansichten vertreten.

Der Schafmann mit der Schlangenfrau: Diese Ehe ist perfekt und kann ein Leben lang halten.

Der Schafmann mit der Pferdefrau: Die beiden passen nicht zusammen. Anders verhält es sich allerdings mit der Schaffrau, die außerordentlich gut zum Pferdemann passt.

Der Schafmann mit der Schaffrau: Die beiden werden eine glückliche Ehe führen.

Der Schafmann mit der Affenfrau: Eine Ehe zwischen den beiden wird lauter Schwierigkeiten mit sich bringen.

Der Schafmann mit der Hahnenfrau: Die beiden werden glücklich zusammenleben.

Der Schafmann mit der Hundefrau: Wenn es nach einigem Hin und Her zur Eheschließung kommt, so geschieht dies nur widerwillig.

Der Schafmann mit der Schweinefrau: Diese Ehe wird lange halten – vorausgesetzt, der Schafmann zügelt sein Temperament. Andererseits wird es sich für die beiden als schwierig herausstellen, ein Leben lang zusammenzubleiben.

Ehe: Welches Tierkreiszeichen passt zur Schaffrau?

Die Schaffrau mit dem Rattenmann: Ihre Ehe wird erst dann glücklich, wenn der Rattenmann gut verdient.

Die Schaffrau mit dem Büffelmann: Eine friedliche Ehe sieht anders aus. Dem Büffelmann fehlt es schlichtweg an Einfallsreichtum und er kann mit der romantischen Ader seiner Frau nur wenig anfangen.

Die Schaffrau mit dem Tigermann: Die beiden kommen sehr gut miteinander aus. Sie reden und lachen viel und werden von Tag zu Tag glücklicher und liebevoller.

Die Schaffrau mit dem Hasenmann: Diese Ehe ist perfekt. Die blühende Fantasie seiner Frau hat es dem Hasenmann angetan. Beide haben eine kreative Ader, was ihre Ehe noch harmonischer macht.

Die Schaffrau mit dem Drachenmann: Zwar werden die beiden eine relativ angenehme Ehe führen, die Schaffrau sollte allerdings nicht zu sehr an ihrem Mann herumnörgeln. Ansonsten riskiert sie, seine Karriere zu gefährden.

Die Schaffrau mit dem Schlangenmann: In dieser perfekten Ehe läuft alles reibungslos.

Die Schaffrau mit dem Pferdemann: Die beiden werden glücklich miteinander sein.

Die Schaffrau mit dem Schafmann: Den beiden steht eine glückliche Ehe bevor.

Die Schaffrau mit dem Affenmann: Solange die beiden ähnliche Interessen und Vorstellungen teilen, kann diese Ehe durchaus funktionieren.

Die Schaffrau mit dem Hahnenmann: Diese Beziehung ist nicht gerade ideal.

Die Schaffrau mit dem Hundemann: Zwischen den beiden herrscht immer eine gewisse Spannung.

Die Schaffrau mit dem Schweinemann: Zwar werden die beiden eine angenehme Ehe führen, der Schweinemann wird allerdings nicht dazu in der Lage sein, seiner Frau ein Leben in Wohlstand zu bieten.

Reichtum und Wohlstand

Menschen, die im Jahr des Schafs geboren wurden, sind finanziell unabhängig. Zu Milliardären werden sie allerdings nie. Sie führen ein einfaches und beständiges Leben, ohne in größere Schwierigkeiten zu geraten. Wenn sich das Schaf auf seine Karriere konzentriert, wird es sich aus dem Nichts etwas Großes aufbauen können.

Das Schicksal des Schafs
in den verschiedenen Tierjahren

Das Jahr der Ratte: In diesem Jahr wird das Schaf gutes Geld verdienen. Das Business läuft gut und in der Karriere geht es stetig bergauf. Trotzdem sollte es vor allem am Jahresende vorsichtig sein, wenn es sein Vermögen nicht gleich wieder verlieren will.

Das Jahr des Büffels: Das Schaf erlebt einige Höhen und Tiefen, die sowohl Chancen als auch Unglück mit sich bringen. In der Mitte des Jahres läuft alles schief, und nur ein Batzen Geld kann die Probleme lösen. In der Familie kommt es oft zu Auseinandersetzungen und Streitigkeiten, doch solange das Schaf Nachsicht zeigt, können die Konflikte friedlich gelöst werden.

Das Jahr des Tigers: In diesem Jahr meint es das Schicksal besonders gut mit dem Schaf. Allerdings sollte es sich vor Menschen hüten, die womöglich Hintergedanken hegen. Wenn es darum geht, neue Freundschaften zu knüpfen, sollte es zugleich mutig und vorsichtig sein. Ein weiterer Rat: möglichst nicht den Frauen oder dem Glücksspiel verfallen.

Der Jahr des Hasen: Das Schicksal des Schafs scheint eng mit seinem Einkommen und seiner reibungslosen Karriere in Verbindung zu stehen. Trotz einiger Rückschläge läuft es im Großen und Ganzen wie geschmiert.

Das Jahr des Drachen: In diesem Jahr hat das Schaf mit einigen Hindernissen zu kämpfen auf seinem Weg zum Reichtum. Jede Anstrengung ist vergeblich. Vom Glücksspiel sollte es absehen, wenn es nicht in eine noch größere Notlage geraten will.

Das Jahr der Schlange: Jede Mühe zahlt sich aus und zieht Erfolg und Zufriedenheit nach sich.

Das Jahr des Pferdes: In diesem Jahr darf sich das Schaf über großartige Chancen und Erfolge freuen.

Das Jahr des Schafs: Solange das Schaf vorsichtig ist und die Dinge wohlüberlegt angeht, kann es sich auf ein durch und durch friedliches Jahr freuen.

Das Jahr des Affen: Alles läuft so, wie es sich das Schaf vorstellt. Trotzdem sollte es sein Glück nicht herausfordern und seine Erwartungen herunterschrauben.

Das Jahr des Hahns: Solange das Schaf nicht von zu Hause aus arbeitet, kann es immer wieder gutes Geld verdienen. Allerdings sollte es stets auf dem Boden der Tatsachen bleiben, da das Jahr mehr Pech als Glück mit sich bringt. Auch Freunde und Familie sind mit Vorsicht zu genießen, wenn es um finanzielle Aspekte geht.

Das Jahr des Hundes: Manch eine Rechtfertigung kann dem Schaf als persönlicher Angriff erscheinen. Es sollte in allem, was es tut, besonders umsichtig sein.

Das Jahr des Schweins: Leider hat das Schaf in diesem Jahr keine Chance auf einen Beamtenposten. Doch nicht nur beruflich scheitert es – auch der Versuch, Freunde zu gewinnen, missglückt. Zu allem Überfluss hat das Schaf auch mit gesundheitlichen Problemen zu kämpfen, weshalb es keine Risiken eingehen und generell vorsichtig sein sollte.

Das Schicksal des Schafs nach den verschiedenen Geburtsmonaten des Mondkalenders

1. Mondmonat: Das besonnene, elegante, fröhliche und lebhafte Schaf ist enorm talentiert. Da es keine Familie hat, auf die es sich verlassen kann, muss es jedoch seinen eigenen Weg gehen.

2. Mondmonat: Schafe, die in diesem Monat geboren wurden, sind besonders sanftmütig und sehr geschickt im Umgang mit anderen Menschen – nicht zuletzt durch ihre Anpassungsfähigkeit und ihre einnehmende Wir-

Vier Ziegen

Länge: 22,5 cm. Breite: 24 cm.
Helle Farben auf dünner Seide.
Palastmuseum Peking.

Dieses Werk stammt von Chen Juzhong, einem Maler aus der Südlichen Song-Dynastie. Links spielt sich scheinbar das Geschehen ab, während die rechte Bildhälfte eher ruhig und statisch gestaltet ist. Das Gemälde zeigt vier Ziegen, deren Felle verschiedene Farbnuancen tragen. Das Werk zeichnet sich durch eine einfache Struktur und eine prägnante Pinselführung aus, die in scharfem Kontrast zu den zarten Farben steht. Dies enthüllt den frechen und kämpferischen Instinkt des Tieres. Auf dem Hang wachsen verdorrte Bäume und Dornbüsche, was dem klaren Herbstwetter eine ruhige und zugleich wilde Atmosphäre verleiht und das Bild sehr lebendig wirken lässt.

kung auf andere. Da sie eine Menge Hilfe von Freunden und Mitmenschen bekommen und auch von ihrer Familie und ihren Geschwistern gut unterstützt werden, führen sie ein angenehmes Leben und genießen zahlreiche Privilegien in allen Bereichen.

3. Mondmonat: Dem fröhlichen und klugen Schaf ist die Moral sehr wichtig. Es erfreut sich bester Gesundheit und kommt sehr gut mit seinen Mitmenschen aus. Dank Hilfe von Familienmitgliedern und Unterstützung seiner Freunde und Mitmenschen führt es ein glückliches und friedliches Leben. Mit ernsthaften Problemen wird das Schaf nie konfrontiert – dafür winken Ruhm und Erfolg.

4. Mondmonat: Obwohl das Schaf immer wieder mit Schicksalsschlägen zu kämpfen hat, wird es im Alter ein glückliches Leben führen. Zwar arbeitet es schon in jungen Jahren sehr hart, im Erwachsenenalter zahlt sich dies aber aus. Trotz aller Höhen und Tiefen, denen das Schaf in seiner beruflichen Laufbahn ausgesetzt ist, kann es alle Hürden überwinden und sich weiterentwickeln.

5. Mondmonat: Schafe, die in diesem Monat geboren wurden, werden eine Führungsposition übernehmen und Hunderttausende Menschen unter sich haben. Dafür erhalten sie eine Menge Bewunderung und Unterstützung. Eine vielversprechende Karriere ohne größere Hürden liegt vor ihnen. Allerdings neigen sie manchmal dazu, sich unfreundlich und launisch zu verhalten.

6. Mondmonat: Das gutherzige, treue und gerechte Schaf darf sich auf Ruhm und Erfolg freuen. Es kann tun und lassen, was es will und lebt friedlich mit seinen Mitmenschen zusammen. Das Schaf würde niemals betrügen, sondern anderen vielmehr hilfsbereit zur Seite stehen. Das wird belohnt: Das Schaf lebt mit seiner Familie in unendlichem Wohlstand.

7. Mondmonat: Das Schaf durchlebt im Laufe der Zeit einige Höhen und Tiefen. Dank seiner Hartnäckigkeit meistert es auch die schwierigsten Phasen. Seine Weisheit, sein Mut und ein besonders starker Wille sowie seine bodenständige Art bringen ihm Respekt ein.

8. Mondmonat: Schafe, die in diesem Monat geboren wurden, zeichnen sich zwar durch ihre Fröhlichkeit und Klugheit aus, sind aber gleichzeitig enorm frech. In seiner Kindheit ist das Schaf kein besonders guter Schüler. Erst mit zehn wendet sich das Blatt allmählich, und später kann es sich sogar einen ziemlich großen Namen machen. Zwar stellen sich ihm kleinere Hürden in den Weg, diese kann das Schaf aber mit Leichtigkeit überwinden.

9. Mondmonat: Schafe mit diesem Geburtsmonat sind zwar sehr gebildet, dafür aber etwas abgehoben. Bei dem Versuch, ein Unternehmen zu gründen, stoßen sie auf einige Schwierigkeiten. Sie arbeiten ihr Leben lang sehr hart. Gleichzeitig leiden sie kontinuierlich an gesundheitlichen Problemen. Vorausgesetzt, das Schaf strebt nach Stabilität und stellt den Erfolg hinten an, wird es ein friedliches Leben führen.

10. Mondmonat: Das fröhliche, erfinderische und außerordentlich weise Schaf erhält viel Unterstützung von seinen Mitmenschen. Es wird eine gute Position im öffentlichen Dienst innehaben, die ihm großen Respekt einbringt. Das Schaf darf sich auf ein glückliches und erfolgreiches Leben freuen.

11. Mondmonat: Das Schaf führt ein angenehmes, aber durchschnittliches Leben. Das gilt auch für seine berufliche Laufbahn. Erst im mittleren Lebensalter, nachdem das Schaf eine Menge Hindernisse überwunden hat, scheint die Sonne auf seine Unternehmungen.

12. Mondmonat: Das ehrliche und herzliche Schaf verhält sich seinen Eltern gegenüber sehr loyal und aufop-

fernd. Seine Hilfsbereitschaft wird jedoch nicht besonders wertgeschätzt. Allerdings zahlt sich die harte Arbeit aus, die das Schaf ein Leben lang auf sich nimmt, und im Alter wird es sehr glücklich sein.

Das Schicksal des Schafs nach den verschiedenen Geburtstagen des Mondkalenders

1. Tag: Schafe, die an diesem Tag geboren wurden, müssen zahlreiche Hindernisse überwinden. Da sie jedoch tatkräftig und unbezwingbar sind, und ihr Wissen stets geschickt anzuwenden wissen, lassen sie sich von keinem der Rückschläge unterkriegen.

2. Tag: In seinen jungen Jahren folgt eine Pechsträhne der nächsten: Obwohl das Schaf hart arbeitet, scheitert es immer wieder. Der Erfolg lässt auf sich warten – und zwar weit bis ins Erwachsenenalter hinein.

3. Tag: Schafe, die an diesem Tag geboren wurden, müssen sich auf eine Menge Höhen und Tiefen gefasst

Drei Ziegen als Boten des Frühlings und des Wohlstands
(San Yáng Kai Tai)

Bei diesem Muster handelt es sich um ein traditionelles chinesisches Motiv, das Glück verheißt. Darauf sind drei Ziegen abgebildet, die im warmen Sonnenlicht grasen. Dieses Bild spricht für den sich ankündigenden Frühling, für den Neuanfang, für Wohlstand und einen ausgeglichenen Lauf der Dinge. Die Sonne (yáng) klingt genauso wie das Wort Ziege (yáng). Wörtlich genommen wäre es also genauso korrekt, san yáng als drei Sonnen aufzufassen: Sonnenaufgang, Mittagssonne und Sonnenuntergang. Die Ziege steht außerdem für ein glückliches Schicksal (xiang). So wird der Begriff für »glückliches Schicksal« nach altem Brauchtum auch durch »glückselige Ziege« verschriftlicht. Kai tai steht für unendlichen Wohlstand.

machen. Wenn sie mit bösen Absichten handeln, werden sie sogar im Gefängnis landen.

4. Tag: Das Schaf legt eine steile Karriere hin und führt ein unbeschwertes Leben.

5. Tag: In seinen jungen Jahren erlebt das Schaf gleichermaßen Zeiten des Glücks und der Sorge. Insgesamt führt es aber ein recht angenehmes Leben. Schon früh arbeitet es sehr hart, was sich im Erwachsenenalter auszahlt. Trotzdem hat es einige Schwierigkeiten, sich beruflich weiterzuentwickeln.

6. Tag: Das attraktive und unternehmungslustige Schaf wird Erfolg haben. Vor allem im mittleren und hohen Alter kann es sich auf gewaltige Glückssträhnen freuen.

7. Tag: Das sanftmütige und nachsichtige Schaf kommt gut mit anderen aus, genießt einen guten Ruf und pflegt ein harmonisches Verhältnis zu seinen Nachbarn. Auch finanziell könnte es nicht besser laufen.

8. Tag: Der Schafmann ist von Natur aus sturköpfig, zugleich aber auch gefühlvoll. Im Gegensatz dazu zeichnet sich die Schaffrau durch ihre Sanftmütigkeit aus. Außerdem ist sie sehr umgänglich.

9. Tag: Schafe, die an diesem Tag geboren wurden, sind durchschnittlich intelligent und nicht besonders unternehmungslustig. Auch leiden sie manchmal unter gesundheitlichen Problemen. Nachdem das Schicksal ihr Glück in den ersten Lebensjahren auf die Probe stellt, wendet sich das Blatt später schließlich und alles wird gut.

10. Tag: Das Schaf ist außergewöhnlich weise und ein hervorragender Schüler. Wenn es stets hart arbeitet, werden sich die Dinge mit hoher Wahrscheinlichkeit zu seiner Zufriedenheit entwickeln.

11. Tag: Wenn anderen Unrecht geschieht, schaut das Schaf nicht weg und bietet immer seine Hilfe an. Das bringt ihm Respekt ein.

12. Tag: Das zielstrebige und talentierte Schaf wird einmal eine Führungsrolle einnehmen. Nach Eintritt ins Erwachsenenalter wird sein Leben einen Höhepunkt erreichen: Es darf sich auf ein glückliches Familienleben und eine erfolgreiche Karriere freuen.

13. Tag: Schafe, die an diesem Tag geboren wurden, sind mit einem außergewöhnlichen kulturellen Feingefühl gesegnet. Es wird viel erreichen und ein Leben in Ruhm führen. Die Schaffrau wird allerdings mehr Glück haben als der Schafmann.

14. Tag: In jungen Jahren arbeitet das Schaf hart und geht durch viele Höhen und Tiefen. Mit Eintritt ins Erwachsenenalter wendet sich alles zum Guten.

15. Tag: Mal meint es das Schicksal gut mit dem Schaf, mal nicht. Es kann eine Menge Einfluss auf seine Mitmenschen ausüben, macht sich dadurch allerdings auch schnell Feinde und durchlebt einige Höhen und Tiefen.

16. Tag: Das kluge und vernünftige Schaf hat ein gutes Urteilsvermögen. Allerdings ist es eingebildet und hat nur wenige Freunde, weshalb es insgesamt ein eher durchschnittliches Leben führt.

17. Tag: Schafe, die an diesem Tag geboren wurden, sind nicht nur außerordentlich intelligent und tugendhaft, sondern genießen zudem einen guten Ruf und führen ein von Ruhm und Erfolg geprägtes Leben.

18. Tag: Das unberechenbare Schaf ist zwar sehr vielseitig, aber nicht besonders weltgewandt. Im Laufe seines Lebens wird es mit zahlreichen Veränderungen konfrontiert. Die Schaffrau ist besonders tugendhaft und warmherzig.

19. Tag: Das eitle Schaf sorgt stets dafür, dass es wohlhabend aussieht. Innerlich ist es aber ein echter Träumer. Die Schaffrau ist hingegen bodenständig, ehrlich und offen.

20. Tag: Der Schafmann zeichnet sich durch seine Fröhlichkeit aus, während die Schaffrau besonders warmherzig ist. Beide sind unternehmungslustig, loyal ihren Freunden gegenüber und dankbar für das, was ihnen gegeben wurde.

21. Tag: Schafe, die an diesem Tag geboren wurden, sind mit großartigen Talenten gesegnet, können diese aber nirgends zeigen. Als Reaktion darauf beschweren sie sich über ihre Umgebung und ihre Mitmenschen.

22. Tag: Das Schicksal meint es anfangs nicht gut mit dem Schaf, und es hat niemanden, an den es sich wenden kann. Sobald die schwierige Phase durchgestanden ist, wird sich alles ganz unerwartet zum Guten wenden.

23. Tag: Das Schaf muss sich wahrscheinlich auf eine ganze Menge Pech gefasst machen. Übersteht es die schwierige Zeit, kann sich aber alles zum Guten wenden und aus Schicksalsschlägen entwickeln sich Chancen.

24. Tag: Schafe, die an diesem Tag geboren wurden, werden in eine privilegierte Familie hineingeboren. Auch von ihren Mitmenschen unterhalten sie Unterstützung und ergattern womöglich einen Beamtenposten.

25. Tag: Das Schaf ist nicht nur mit besonderen Talenten gesegnet, sondern zudem sehr spontan und offen im Umgang mit seinen Mitmenschen. Auch ist es für seinen ausgeprägten Gerechtigkeitssinn und seine Selbstlosigkeit bekannt.

26. Tag: Schafe, die an diesem Tag geboren wurden, gehen durch viele Höhen und Tiefen. Ihre Karrieren laufen reibungslos, allerdings müssen sie sich auf familiäre Probleme gefasst machen.

27. Tag: Das Schaf lässt sich nicht einschränken. Es genießt sein buntes Leben und gönnt sich auch gerne mal ein Glas Wein oder eine Zigarette. Obwohl es nie besonders wohlhabend sein wird, führt es ein recht angenehmes Leben.

28. Tag: Das tatkräftige und kluge Schaf geht die Dinge stets entschlossen und voller Willensstärke an. Es kann sogar aus eigener Kraft ein Unternehmen gründen.

29. Tag: Schafe, die an diesem Tag geboren wurden, wenden all ihre Energie auf, um für die Familie zu sorgen. Nachdem sie in ihren ersten Lebensjahren nicht mit allzu viel Glück gesegnet waren, schaffen sie im Erwachsenenalter den Durchbruch und werden im Alter unter Umständen sogar richtig reich.

30. Tag: Dem Schaf stehen alle Türen offen. Es verrichtet seine Arbeit unbeschwert und hat niemals Geldsorgen, da es aus einer sehr wohlhabenden und einflussreichen Familie stammt.

Das Schicksal des Schafs nach den verschiedenen Geburtsstunden

23–01 Uhr: Das Schaf durchlebt zwar viele Höhen und Tiefen, erhält aber Unterstützung von seinen Mitmenschen und kann dadurch ernsthafte Probleme vermeiden.

01–03 Uhr: Dank seinen edlen Tugenden, Talenten und seiner Rechtschaffenheit kommt das Schaf sehr gut mit seinen Mitmenschen aus. Wenn es sich unermüdlich anstrengt, lässt der Erfolg nicht auf sich warten.

03–05 Uhr: Das Schicksal meint es stets gut mit dem Schaf. Trotz einiger unglücklicher Vorfälle lässt es sich nicht unterkriegen. Seine Anstrengungen zahlen sich aus: Erfolg im Job, gutes Ansehen und ein Leben in Wohlstand sind ihm gewiss.

05–07 Uhr: Das fröhliche, temperamentvolle und willensstarke Schaf lässt sich nicht von harten Zeiten abschrecken und ist sogar bereit, sich für seinen Job in Lebensgefahr zu begeben. Dank Hilfe von Freunden und anderen Mitmenschen klettert es auf der Karriereleiter steil nach oben, genießt ein hohes Ansehen und kann eine Menge Erfolge verbuchen. Trotzdem sollte es stets achtsam sein, um nicht auf kompletter Länge zu scheitern.

07–09 Uhr: Schafe, die zu dieser Uhrzeit geboren wurden, treibt es beruflich weit von ihrer Heimat weg. So richtig durchstarten werden sie allerdings nicht, weshalb sich auch ihr Einkommen in Grenzen hält. Dank Unterstützung von Freunden und anderen Mitmenschen gerät ihre Karriere jedoch langsam, aber sicher in Schwung.

09–11 Uhr: Das hart arbeitende Schaf findet mal hier, mal dort einen Job. Obwohl es glücklicherweise Hilfe von seinen Mitmenschen bekommt, läuft es mit der Karriere nicht besonders gut. Viele Gefahren kommen auf das Schaf zu, die es aber zu überwinden weiß.

11–13 Uhr: Dank Hilfe von Familie und seinen Mitmenschen kann das Schaf in seiner Karriere einiges erreichen. Es ist ungemein großzügig und hält sich nicht mit Kleinigkeiten auf. Trotz kleinerer gesundheitlicher Probleme führt es in der Regel ein langes Leben.

13–15 Uhr: Schafe, die zu dieser Uhrzeit geboren wurden, sind fröhlich, klug und außergewöhnlich talentiert. Sie lieben es, neue Dinge zu lernen und gelten als ehrlich, freundlich und hilfsbereit. Dennoch gehen sie in ihrem Leben durch zahlreiche Höhen und Tiefen. Im Beruf wird es zu einigen Anlaufschwierigkeiten kommen. Im mittleren und hohen Alter werden sie aber ein sorgloses Leben führen.

15–17 Uhr: Das Schaf hat nicht nur Erfolg auf ganzer Linie, sondern auch ein hübsches Vermögen auf dem Konto. In der Ehe läuft es allerdings weniger gut.

17–19 Uhr: Das vielseitige, geistreiche und spontane Schaf kann Karriere machen, solange es seiner Heimat fernbleibt. In seinen jungen Jahren verdient es nur wenig Geld. Im mittleren Alter wendet sich das Blatt allerdings, und es führt bis ins hohe Alter ein glückliches Leben.

19–21 Uhr: In seinen ersten Lebensjahren meint es das Schicksal ganz und gar nicht gut mit dem Schaf. Mit Eintritt ins Erwachsenenalter entwickelt sich alles zum Guten, und im hohen Alter wird es ein glückliches Leben führen. In der Ehe geht das Schaf womöglich durch viele Höhen und Tiefen. Hier ist also Vorsicht geboten.

21–23 Uhr: Schafe, die zu dieser Uhrzeit geboren wurden, erhalten keine Unterstützung von ihrer Familie. Sie suchen sich die falschen Freunde und geraten daher oft an Menschen, die es nicht gut mit ihnen meinen. Auch kommt es häufig zu Streitigkeiten.

Kapitel 9
Der Affe

D er Affe stand in den Augen der Menschen einst für geduldiges Abwarten. In anderen Worten: Der Affe ist von Natur aus intelligent und wachsam. Stellt ihm jemand eine Falle, tappt er nicht hinein. Anstatt sich gierig auf den Köder zu stürzen, wartet er und beobachtet die Situation ganz genau. Erst wenn er einen Hinterhalt ausschließen kann, schreitet er zur Tat. Der Affe belegt den neunten Rang des Chinesischen Horoskops und steht für Spontaneität und Intelligenz.

Die Mondjahre des Affen im Sonnenkalender

5. Februar 1920 bis 3. Februar 1921

5. Februar 1932 bis 3. Februar 1933

5. Februar 1944 bis 3. Februar 1945

5. Februar 1956 bis 3. Februar 1957

5. Februar 1968 bis 3. Februar 1969

5. Februar 1980 bis 3. Februar 1981

4. Februar 1992 bis 3. Februar 1993

4. Februar 2004 bis 3. Februar 2005

4. Februar 2016 bis 2. Februar 2017

4. Februar 2028 bis 2. Februar 2029

4. Februar 2040 bis 2. Februar 2041

Lebensweg

Menschen, die im Jahr des Affen geboren wurden, sind hochintelligent, ehrgeizig und sozial kompetent. Sie sind mit der Welt im Reinen und wahre Freundschaft ist ihnen wichtig. Zudem sind sie bekannt für ihren Tatendrang, ihre Widerstandsfähigkeit und ihren Optimismus. Menschen mit diesem Tierkreiszeichen gelten außerdem als gerissen, mutig und ungemein anpassungsfähig. Es liegt in der Natur des unternehmungslustigen Affen, sich nicht gerne einschränken zu lassen. Er ist wissbegierig und belesen. Darüber hinaus ist er nicht nur mit einem ausgezeichneten Gedächtnis gesegnet, sondern auch mit geistiger Flexibilität. Er ist wahnsinnig kreativ und erkennt jede Chance, die zu seiner weiteren Entwicklung beiträgt.

Persönlichkeit

Der Affe ist für seine Lebhaftigkeit und sein Engagement bekannt. Er ist geschickt, ungemein intelligent und reaktionsschnell. Zudem kann er sich gut anpassen. Probleme aus dem Weg zu schaffen, ist für ihn ein Kinderspiel. Allerdings hat er das starke Bedürfnis, sich wichtig zu machen. Er neigt zur Überheblichkeit und bricht auch gerne mal die Regeln, wodurch er unnötige Verluste verursacht.

Beruf und Karriere

Der Affe legt eine steile Karriere hin. Er ist stets auf der Suche nach neuen Herausforderungen. Kontrolliert zu werden, gefällt ihm überhaupt nicht. Er ist sprachlich begabt und hat auch das starke Bedürfnis, dies nach außen zu tragen. Daher ist er wie geschaffen dafür, ein eigenes Unternehmen zu gründen. Seine Ungeduld macht ihm allerdings oft einen Strich durch die Rechnung. Um sich beruflich weiterzuentwickeln, sollte er sich konkrete Pläne erstellen, realistisch bleiben und enormen Einsatz zeigen.

Liebe und Ehe

Der Affe genießt ein idyllisches Familienleben und widmet seiner Verwandtschaft eine Menge Aufmerksamkeit. Vor allem seinen Eltern gegenüber verhält er sich aufopfernd. Seine Schwäche: Kindern kann er absolut nichts ausschlagen. Die Ehe bedeutet Affen sehr viel. Sie lieben ihre Partner aufs Äußerste und streben eine Beziehung an, die für immer hält. Allerdings tendiert der Affe dazu, immer seinen Willen durchzusetzen. Einen idealen Partner findet er in der Ratte oder dem Drachen. Bei Tiger, Schwein und Schlange ist hingegen Vorsicht geboten.

Ehe: Welches Tierkreiszeichen passt zum Affenmann?

Der Affenmann mit der Rattenfrau: Diese Ehe wird perfekt sein. Die beiden lieben einander und werden sich ein Leben lang mit Wärme und Zärtlichkeit begegnen.

Der Affenmann mit der Büffelfrau: Ihre Ehe verläuft recht harmonisch. Die Büffelfrau liebt ihren klugen Gatten sehr. Dieser wiederum schafft es, Streitigkeiten in der Familie geschickt zu schlichten und eine gute Stimmung zu verbreiten.

Der Affenmann mit der Tigerfrau: Eine vorbildliche Ehe sieht anders aus. Der Affenmann enttäuscht seine Frau mit seinen Taten und Vorstellungen sehr, weshalb sie sich gelegentlich nach anderen Männern umschaut. Streit ist vorprogrammiert.

Der Affenmann mit der Hasenfrau: Theoretisch können die beiden eine glückliche Familie gründen. Der Affenmann hat allerdings manchmal falsche Vorstellungen vom Leben, weshalb seine Ehefrau einiges durchmacht.

Der Affenmann mit der Drachenfrau: Die beiden können durchaus ein gemeinsames Leben führen. Die Drachenfrau fühlt sich sehr zu ihrem Gatten hingezogen. Er hingegen ist manchmal enttäuscht von seiner Ehe, was er seine Frau aber nicht spüren lässt.

Der Affenmann mit der Schlangenfrau: Trotz einiger Unstimmigkeiten können die beiden eine glückliche Familie gründen – vorausgesetzt, die äußeren Bedingungen stimmen und der Affenmann liebt seine Frau aufrichtig.

Der Affenmann mit der Pferdefrau: Von einer vorbildlichen Ehe kann nicht die Rede sein. Der Affenmann wird seine Gattin enttäuschen, die sich nach einem gesunden und herzlichen Eheleben sehnt.

Der Affenmann mit der Schaffrau: Die beiden können durchaus ein gemeinsames Leben führen, da die Schaffrau es immer wieder schafft, das Interesse ihres Mannes zu wecken. Dieser muss allerdings wohlhabend sein.

Der Affenmann mit der Affenfrau: Die beiden passen recht gut zusammen. Gemeinsam können sie an ihrer Beziehung arbeiten und ihre Ehe stärken.

Der Affenmann mit der Hahnenfrau: Ein gemeinsames Eheleben? So gut wie unvorstellbar.

Der Affenmann mit der Hundefrau: Den beiden wird es nicht leichtfallen, miteinander auszukommen.

Der Affenmann mit der Schweinefrau: Trotz einiger Unstimmigkeiten kann eine Ehe durchaus funktionieren – unter der Voraussetzung, dass sich die beiden lieben. Nur so können sie eine gefestigte Beziehung führen.

Ehe: Dieses Tierkreiszeichen passt zur Affenfrau

Die Affenfrau mit dem Rattenmann: Die beiden können ein glückliches gemeinsames Leben führen.

Die Affenfrau mit dem Büffelmann: Einem gemeinsamen Leben steht nichts im Wege. Der Büffelmann liebt seine Gattin über alles und ist bereit, viele Opfer für sie zu bringen. Außerdem ist er sehr kompromissbereit.

Die Affenfrau mit dem Tigermann: Die beiden kommen nicht besonders gut miteinander aus. Wenn der Tigermann sich mal aus dem Staub macht, weiß seine Frau aber ganz genau, welche Hebel sie in Bewegung setzen muss, damit er zurückkommt.

Die Affenfrau mit dem Hasenmann: Diesem Paar steht eine glückliche Ehe bevor. Die beiden verstehen sich auch ohne Worte und genießen die Nähe des anderen sehr.

Der König der Affen

Der König der Affen ist einer der Charaktere in *Die Reise nach Westen*. Bei dieser Geschichte handelt es sich um einen der vier klassischen Romane der chinesischen Literatur. Der König der Affen, geboren aus einem ewigen Felsen, sorgt im Himmel für Aufruhr. Dies verärgert den Himmelskaiser so sehr, dass er den Affen mit einem Zauber gefangen hält. Erst nach 500 Jahren wird er von einem buddhistischen Mönch namens Xuanzang befreit. Dieser befindet sich gerade auf geheimer Mission nach Indien, um Buddha zu huldigen und Heilige Schriften zu suchen. Der Affenkönig darf ihn auf dieser Reise begleiten, nicht zuletzt, weil er zahlreiche Verwandlungskünste beherrscht. Während der Reise wird er auf die Probe gestellt: Er muss gegen Geister und das Böse kämpfen, und durchläuft unzählige Leidenswege, bis er dem Mönch schließlich dabei hilft, die buddhistischen Schriften zu erlangen und ein echter Buddhist zu werden. Schlussendlich wird dieser sogar zum unbesiegbaren Buddha ernannt, was er einzig und allein dem mutigen Affenkönig zu verdanken hat, der noch heute zu einer der beliebtesten Volksfiguren Chinas zählt.

Die Affenfrau mit dem Drachenmann: Diese Ehe läuft reibungslos. Der Drachenmann kann seine Frau beschützen. Diese wiederum steht ihrem selbstbewussten Mann mit hilfreichen Einfällen und Ratschlägen zur Seite.

Die Affenfrau mit dem Schlangenmann: Beide spielen ein Spiel mit dem anderen, was zu Streitigkeiten führt. Eine Partnerschaft zwischen Affenfrau und Schlangenmann ist also nicht empfehlenswert.

Die Affenfrau mit dem Pferdemann: Die beiden haben kaum die Chance, sich richtig kennenzulernen. Daher wird ihre Beziehung nur von kurzer Dauer sein.

Die Affenfrau mit dem Schafmann: Ein Zusammenleben ist so gut wie unmöglich.

Die Affenfrau mit dem Affenmann: Die beiden können gut zusammenleben und sind ein großartiges Team.

Die Affenfrau mit dem Hahnenmann: Die beiden sind nicht gerade auf einer Wellenlänge. Obwohl die Affenfrau von ihrem Gatten profitieren kann, ist sie nie zufrieden. Das führt zu großem Unmut.

Die Affenfrau mit dem Hundemann: Da beide sehr realistische Vorstellungen haben, kommen sie gut miteinander aus.

Die Affenfrau mit dem Schweinemann: Solange die Affenfrau sich zu ihrem talentierten Mann hingezogen fühlt, besteht durchaus die Möglichkeit, dass die beiden eine Familie gründen. Wenn sich beide gut koordinieren, werden sie eine glückliche Ehe führen.

Die Affen, die den Mond aus dem Brunnen schöpfen

Vor langer, langer Zeit trieben sich 500 Affen im Wald herum und stießen dabei auf einen großen Baum. Unter dem Baum befand sich ein Brunnen, in dessen Wasser sich der Mond spiegelte. Als der Anführer der Affenbande dies sah, sagte er: »Der Mond ist in den Brunnen gefallen, er wird ertrinken. Wir müssen ihn wieder herausfischen, damit er in dieser langen Nacht Licht in die Welt tragen kann.« Die Affen überlegten, wie sie den Mond wieder zutage fördern könnten. Da kam dem Anführer der Affen eine Idee: »Ich weiß, wie. Ich halte mich an einem Ast des Baumes fest, und ihr schnappt euch meinen Schwanz. Dann bilden wir eine Kette und können den Mond gemeinsam aus dem Brunnen ziehen.« Also taten die Affen, was ihr Anführer ihnen auftrug. Doch auf einmal brach der Ast entzwei und alle Affen fielen in den Brunnen. Noch heute benutzen die Menschen diese Geschichte als Ermahnung: Wer sich über unnötige Kleinigkeiten aufregt, schafft sich damit bloß Probleme.

Reichtum und Wohlstand

Menschen, die im Jahr des Affen geboren wurden, sind ziemlich wohlhabend. Ihr Einkommen vergrößert sich stetig. Dadurch geraten sie allerdings auch schnell in Schwierigkeiten. Sie sollten sich fragen, wer aus ihrem Arbeitsumfeld, aber auch aus dem Freundeskreis und der Familie womöglich nur ihr Geld im Blick hat.

Das Schicksal des Affen
in den verschiedenen Tierjahren

Das Jahr der Ratte: Das Geschäft floriert, das Vermögen wächst und der Affe arbeitet in einer hohen Position. Er erhält Unterstützung von seinen Mitmenschen und genießt weitestgehend Handlungsfreiheit. Der Affe ist in diesem Jahr ein echter Glückspilz.

Das Jahr des Büffels: Eine neue Arbeitsumgebung kurbelt die Karriere des Affen an. Bleibt er allerdings in seiner Heimat, kann selbst die Grundversorgung zum Problem werden.

Das Jahr des Tigers: Das Leben des Affen ist geprägt von Chancen wie Pechsträhnen, von Höhen wie Tiefen. In der Ehe wird es zu einigen Konflikten kommen, die ihm nicht nur physisch, sondern auch mental sehr zu schaffen machen und noch dazu finanzielle Verluste nach sich ziehen. Auch bei der Jobsuche ist Vorsicht geboten. Der Affe sollte gut auf seine Sicherheit achten.

Das Jahr des Hasen: Das Geschäft wirft einen großen Gewinn ab. Von Problemen lässt sich der Affe kaum aus der Ruhe bringen.

Das Jahr des Drachen: Wenn es um Geld geht, ist der Affe ein echter Glückspilz. Alle Anstrengungen der letzten Jahre werden sich auszahlen. Nichtsdestotrotz sollte

sich der Affe vor Menschen hüten, die womöglich Hintergedanken haben.

Das Jahr der Schlange: Der Affe kann in diesem Jahr
mit ernsten gesundheitlichen Problemen zu kämpfen haben. Sein Zustand kann so ernst werden, dass er sogar
bettlägerig ist. Glücklicherweise schlägt die Therapie gut
an und das Blatt wendet sich schließlich.

Das Jahr des Pferdes: Das Schicksal meint es gut mit
dem Affen und seiner Familie. Auf eine frohe Botschaft
folgt die nächste. Er investiert so schlau, dass er große
Gewinne erzielt. Generell hat er ein gutes Händchen für
Finanzen. Sein Vermögen bezieht er aus den verschiedensten Quellen. Er sollte allerdings nicht zu habgierig
sein.

Das Jahr des Schafs: Der Affe wird im Laufe des Jahres
in seiner Karriere einige Erfolge erzielen und einen benei-
denswerten Gewinn machen. Allerdings sollte er sich davor in Acht nehmen, betrogen zu werden.

Das Jahr des Affen: Glück in der Liebe, nicht aber im
Kapital: Zu viel Romantik kann allerdings dazu führen,
dass der Affe sehr verletzt wird.

Das Jahr des Hahns: Der Affe lebt in Ruhm, hat eine
Menge Geld und auch seine Karriere läuft reibungslos.
Allerdings sollte er sich nicht zu sehr in seine Beziehung
hineinsteigern. Andererseits könnte sich dies negativ auf
sein Eheleben auswirken. Die Folge: körperliche und
mentale Erschöpfung.

Das Jahr des Hundes: Im Job läuft es nicht rund und
auch finanziell ist mit Einbußen zu rechnen. Das Glück
scheint sich vollkommen von ihm abgewendet zu haben.
Deshalb sollte er besonnen vorgehen, wenn er langsam,
aber sicher einen Neuanfang wagt.

Das Jahr des Schweins: Dem Affen stehen in diesem
Jahr Rechtsstreitigkeiten bevor. Grund dafür sind Menschen in seinem Umfeld, die es nicht gut mit ihm mei-

nen. Die Folge: Beruflich läuft es schlecht, der Affe ist weder wohlhabend noch glücklich. Dank der Hilfe seiner Mitmenschen kann er diese schwierige Phase aber überwinden.

Das Schicksal des Affen nach den verschiedenen Geburtsmonaten des Mondkalenders

1. Mondmonat: Energiegeladen zieht der Affe los, um seine Berufung zu finden – mit guten Aussichten auf Erfolg. Allerdings machen ihm kleinere gesundheitliche Probleme zu schaffen.

2. Mondmonat: Der Affe strebt ein Leben in Wohlstand und eine Position im öffentlichen Dienst an. Dabei werden ihm allerdings immer wieder Steine in den Weg gelegt und er verliert sowohl Ruhm als auch Geld.

3. Mondmonat: Der Affe ist mit großartigen Talenten gesegnet und genießt ein glückliches Familienleben. Aus jedem Unglück macht er das Beste und schafft es sogar, Rückschläge zu seinem Vorteil zu nutzen. Eine schillernde Zukunft liegt vor ihm.

4. Mondmonat: Der Affe arbeitet stets hart. Er ist sehr belesen, talentiert und macht sich einen Namen. Sein Leben ist geprägt von Ruhm und Glanz.

5. Mondmonat: Affen, die in diesem Monat geboren wurden, sind sehr höflich und zuvorkommend im Umgang mit anderen Menschen. Ihren überragenden Erfolg erarbeiten sie sich ganz allein.

6. Mondmonat: Das Leben des Affen gleicht einer Achterbahnfahrt. Er genießt ein freies und regelrecht perfektes Eheleben und bringt liebenswerte Kinder zur Welt.

7. Mondmonat: Der Affe erreicht seine Ziele, für die er hart arbeitet. Das erlaubt es ihm, ein friedliches und freies Leben zu führen.

8. Mondmonat: Affen, die in diesem Monat geboren wurden, vollbringen großartige Leistungen und genießen ein Leben voller Glück und Wohlstand oder Ruhm. Zudem gründen sie eine harmonische Familie.

9. Mondmonat: Obwohl der Affe ungemein talentiert und unternehmungslustig ist, wird er Enttäuschungen erleben und scheitern. Sein Leben verläuft im Großen und Ganzen recht ereignislos.

10. Mondmonat: Der Affe wird in eine ganz gewöhnliche Familie hineingeboren. Besondere Erfolge erzielt er nicht. Er sollte seine Nase nicht in fremde Angelegenheiten stecken, denn dann kommt großes Unglück auf ihn zu.

11. Mondmonat: Der launische Affe ist ein echter Griesgram. Mit seiner Einstellung denkt er nicht einmal daran, sich weiterzuentwickeln.

12. Mondmonat: Der Affe geht durch viele Höhen und Tiefen. Sofern er keinen genauen Plan hat, wird seine Karriere nicht so verlaufen wie erhofft. Im hohen Alter wird er dafür aber ein friedliches Leben führen.

Das Schicksal des Affen nach den verschiedenen Geburtstagen des Mondkalenders

1. Tag: Dem Affen stehen alle Türen offen. Er ist gewillt, anderen zu dienen. Der Affenmann ist besonders talentiert, während sich die Affenfrau durch ihre edlen Tugenden und ihre Vielseitigkeit auszeichnet.

2. Tag: Chancen und Pech liegen nah beieinander. Der Affe wird einige schwierige Zeiten durchmachen. Problemen sollte er also möglichst aus dem Weg gehen. Vielmehr sollte er versuchen, sich in eine für ihn günstige Lage zu bringen – ohne dabei mit dem Gesetz in Konflikt zu geraten.

3. Tag: Die erste Lebenshälfte des Affen wird von Ruhm und Erfolg geprägt sein. Allerdings muss er achtsam sein, um nicht alles, was er sich erarbeitet hat, in seiner zweiten Lebenshälfte wieder zu verlieren.

4. Tag: Affen, die an diesem Tag geboren wurden, sind in ihren ersten Lebensjahren mit großem Glück und Wohlstand gesegnet. Im hohen Alter meint es das Schicksal allerdings gar nicht gut mit ihnen. Deshalb sollten sie immer ein wenig Geld für schlechte Tage beiseitelegen.

5. Tag: Der fröhliche, kompetente und spontane Affe ist ein echter Glückspilz.

Der weiße Affe, der Pfirsiche stiehlt

Der Legende nach lebte in der Zeit der Streitenden Reiche (475–221 v. Chr.) einst eine Mutter mit ihrem Sohn in den Bergen. Der Sohn war über und über mit weißem Haar bedeckt und ähnelte äußerlich einem Affen. Aus diesem Grund gab ihm seine Mutter den Namen Xiaobai (Kleiner Weißer). Eines Tages erkrankte die Mutter unerwartet und wurde bettlägerig. Eines Nachts, sie lag bereits im Sterben, sah sie einen alten Unsterblichen an ihr Bett treten. Er reichte ihr einen roten Pfirsich und sagte: »Dies ist ein Pfirsich der Königinmutter. Wer ihn isst, wird unsterblich. Iss ihn, und auch du wirst geheilt sein.« Also nahm sie den Pfirsich entgegen und biss, zunächst zögerlich, zweimal hinein. Augenblicklich fühlte sie sich gut. Dann erwachte sie glücklich und erinnerte sich an ihren Traum. Am nächsten Morgen erzählte sie ihrem Sohn davon. Xiaobai kriegte sich gar nicht mehr ein und rief immer wieder »Meine Mutter wird wieder gesund!« Wie sich herausstellte, hatte er am Tag zuvor beim Feuerholz sammeln nämlich einen alten Mann getroffen. Dieser hatte ihm erzählt, dass die Königinmutter zwei Pfirsichgärten habe, die sie eigens für ein großes Pfirsichfest angelegt hätte. Und da die Mutter in ihrem Traum ja die Anweisung erhalten hatte, einen Pfirsich zu essen, um geheilt zu werden, wollte Xiaobai nun losziehen und einen solchen Pfirsich heimbringen. Also machte er sich auf den Weg, wanderte Tag und Nacht, bezwang die Berge und durchquerte die Flüsse. Nach vielen beschwerlichen Stunden entdeckte er schließlich den Pfirsichgarten und brachte seiner Mutter die Früchte. Und siehe da: Nachdem sie drei dieser ewigen Pfirsiche verspeist hatte, dauerte es noch drei Tage lang, und sie war geheilt.

6. Tag: Affen, die an diesem Tag geboren wurden, streben nach beruflichem Erfolg. Dabei nimmt ihr Leben oft überraschende Wendungen. Um über die Runden zu kommen, arbeiten sie hart. Ihre zweite Lebenshälfte verläuft ungemein glücklich.

7. Tag: Obwohl der Affe mehr als einen Job hat, bleibt der Erfolg weitgehend aus. Er geht durch zahlreiche Höhen und Tiefen, und sein Leben nimmt oft unerwartete Wendungen. Trotz aller Bemühungen will ihm einfach nicht der Durchbruch gelingen.

8. Tag: Der Affe arbeitet sein Leben lang sehr hart. Das zahlt sich aus: Er führt ein ruhmreiches Leben, ist sehr vermögend, besetzt eine angesehene Position und führt allgemein ein glückliches Leben.

9. Tag: Der spontane, willensstarke und sehr unternehmungslustige Affe ist ungemein ausdauernd. Diese Eigenschaften machen ihn zu einem hervorragenden Unternehmer, der sein eigenes Business gründen sollte.

10. Tag: Affen, die an diesem Tag geboren wurden, sind kontaktfreudig, gelassen, haben einen ausgeprägten Gerechtigkeitssinn und handeln stets aufrichtig.

11. Tag: Der Affe legt eine steile Karriere hin und ist enorm wohlhabend. In seiner Ehe läuft es allerdings weniger gut.

12. Tag: Zwar führt der Affe ein friedliches Leben, schafft im Beruf aber nicht den Durchbruch. Sein Einkommen ist nur durchschnittlich, und auch in der Ehe kriselt es.

13. Tag: Die harte Arbeit, die der Affe schon im jungen Alter verrichtet, zahlt sich ab dem 30. Lebensjahr aus. Das Schicksal meint es gut mit ihm, und er erhält Unterstützung von seinen Mitmenschen, wenn er sich um eine hart umkämpfte Position bewirbt.

14. Tag: Der Affe hat das Glück, aus einer reichen und privilegierten Familie zu stammen. Er bekommt viel Unterstützung und genießt stets ein Leben in Wohlstand.

15. Tag: Trotz zahlreicher Höhen und Tiefen kann der sanftmütige, ehrliche, freundliche und respektvolle Affe eine Menge Erfolge verbuchen.

16. Tag: Der fröhliche, aber auch vernünftige und beherrschte Affe wird eine hoch angesehene Position besetzen und eine zufriedene Ehe führen.

17. Tag: Der Affe ist von Natur aus klug und vielseitig. Viel verdienen wird er nie. Sein Einkommen ist zwar gering, dafür aber geregelt. Alles in allem führt er ein annehmbares Leben.

18. Tag: In seiner ersten Lebenshälfte muss der Affe hart arbeiten. Das zahlt sich aus: Er wird ein beständiges Leben führen und immer genug verdienen. In seiner zweiten Lebenshälfte wird er aber unter Umständen mit einer Krankheit zu kämpfen haben.

19. Tag: Der gelehrte und talentierte Affe besetzt eine hoch angesehene Position. Sein Leben wird oft unerwartete Wendungen nehmen.

20. Tag: Dem Affenmann fehlt es an Willensstärke, weshalb er am laufenden Band scheitert. Er wechselt ständig seinen Beruf und seinen Wohnort. Auch in der Ehe läuft es nicht so wie erhofft.

21. Tag: Affen, die an diesem Tag geboren wurden, mögen glücklich wirken, doch der Schein trügt: Vom Glück verlassen leben sie ein ziemlich durchschnittliches Leben. Beim Affenmann liegt dieses Schicksal in seiner Schwäche für Frauen und Wein begründet.

22. Tag: Der Affe muss bereits in seiner Kindheit eine Menge Hürden überwinden, durch Höhen und Tiefen gehen und harte Zeiten durchmachen. Zum Glück kommt nach dem Regen die Sonne und mit Eintritt ins Erwachsenenalter wendet sich alles zum Guten.

23. Tag: Affen, die an diesem Tag geboren wurden, sind besonders vielseitig. Der Affenmann ist wohlhabend und einflussreich, weshalb er nicht allzu hart arbeiten muss.

24. Tag: Der Affe steckt sich unrealistische Ziele, die er aufgrund von fehlender Unterstützung seitens Eltern und Freunden nicht erreicht. Sein Leben verläuft daher eher durchschnittlich.

25. Tag: Affen, die an diesem Tag geboren wurden, sind sehr belesen. Der Affenmann ist mit zahlreichen Talenten gesegnet, während die Affenfrau sehr hübsch ist. Dank Unterstützung ihrer Mitmenschen kann sie viel in ihrem Leben erreichen.

26. Tag: Dem fröhlichen Affenmann stehen alle Türen offen, wenn es um Jobwahl und Karriere geht. Nach Eintritt ins Erwachsenenalter wird er recht wohlhabend sein. Die Affenfrau ist klug und wunderschön.

27. Tag: Der talentierte und einfallsreiche Affenmann hat das Zeug dazu, viel zu erreichen. Er hat Geld wie Heu, mit dem er aber verschwenderisch umgeht. Sparen ist nicht unbedingt seine Stärke.

28. Tag: Affen, die an diesem Tag geboren wurden, können gut Führungsrollen übernehmen. Sie arbeiten in hohen Positionen und dürfen sich auf ein erfolgreiches Leben voller Ruhm freuen.

29. Tag: Nachdem der Affe schwierige Phasen durchsteht und regelmäßig mit dem Gesetz in Konflikt gerät, wendet sich mit dem Eintritt ins 18. Lebensjahr alles zum Guten und er genießt ein sorgenfreies Leben in bester Gesundheit.

30. Tag: Der Affenmann wird nicht nur ein traumhaftes Familienleben führen, sondern auch eine beneidenswerte Karriere hinlegen. Er hat öfter Erfolg, als dass er scheitert und bringt eine Menge Geld nach Hause. Allerdings fokussiert er sich zu sehr auf Frauen und vergisst darüber manchmal seine Freunde.

Das Schicksal des Affen
nach den verschiedenen Geburtsstunden

23–01 Uhr: Der Affe legt zwar eine steile Karriere hin, gerät aber manchmal an Menschen, die es nicht gut mit ihm meinen und verhindern, dass er in einer hohen Position arbeitet. Generell sorgen sie dafür, dass es in der Karriere des Affen nur mäßig läuft und das große Geld ausbleibt.

01–03 Uhr: Dank Unterstützung seiner Mitmenschen wird der Affe doppelt so viel mit dem halben Aufwand erreichen.

03–05 Uhr: Der Affe arbeitet in einer niedrigen Position, sodass er die Ansprüche, die er an sich selbst stellt, nicht erfüllen kann und auch finanziell nicht besonders gut aufgestellt ist.

05–07 Uhr: Der Affe gerät oft in Schwierigkeiten. Dank Unterstützung seiner Mitmenschen kann er aber aus jedem Unglück noch das Beste machen.

07–09 Uhr: Obwohl der Affe für seine außergewöhnlichen Talente, seine Intelligenz und seine großartigen Fähigkeiten bekannt ist, muss er sich gegen eine starke Konkurrenz behaupten. Dabei tritt er anderen gerne mal auf die Füße.

09–11 Uhr: Der Affe gerät im Laufe seines Lebens zwar immer mal in Schwierigkeiten, dank der vielen Hilfe, die er erhält, kann er aber trotzdem seine Ziele verfolgen und Problemen meist aus dem Weg gehen.

11–13 Uhr: Affen, die zu dieser Uhrzeit geboren wurden, führen ein sehr einfaches Leben. Das Schicksal meint es nicht gut mit ihnen, weshalb sie es nicht schaffen, ihre Träume zu verwirklichen.

13–15 Uhr: Obwohl der Affe eine beneidenswerte Karriere hinlegt und eine Menge Geld verdient, wird er entweder gesundheitliche Probleme oder Eheprobleme haben.

15–17 Uhr: Der Affe wird ein erfülltes Leben haben. Sein Glück wird jedoch getrübt: Einige Menschen in seinem Umfeld meinen es nicht gut mit ihm.

17–19 Uhr: Der Affe ist von Natur aus rastlos und liebt es, umherzureisen. Dennoch zieht er ein trauriges Los und wird ein eher durchschnittliches Leben führen.

19–21 Uhr: Dem Affen fällt es schwer, seine Träume zu verwirklichen. Die Karriere läuft nicht wie erhofft und das große Geld bringt er auch nicht nach Hause. Immerhin wird er ein glückliches Eheleben führen.

21–23 Uhr: Der Affe hat eine glänzende Zukunft vor sich. Er erhält stets viel Unterstützung von seinen Mitmenschen und ist selbst so fleißig, dass er große Erfolge erzielt.

Kapitel 10
Der Hahn

Der Hahn ist der einzige Vogel unter den zwölf Tierkreiszeichen. Der Legende nach lebte einst ein wunderschöner goldener Hahn in der Sonne und löste von dort aus jeden Morgen den Sonnenaufgang im Osten aus. Seine Vorfahren waren der dreifüßige Vogel, der Feuervogel und der Phönix. Der Hahn, Symbol für die Kundschaft froher Botschaften, steht für Geselligkeit. Er belegt den zehnten Rang im Chinesischen Horoskop.

Die Mondjahre des Hahns im Sonnenkalender

4. Februar 1921 bis 3. Februar 1922

4. Februar 1933 bis 3. Februar 1934

4. Februar 1945 bis 3. Februar 1946

4. Februar 1957 bis 3. Februar 1958

4. Februar 1969 bis 3. Februar 1970

4. Februar 1981 bis 3. Februar 1982

4. Februar 1993 bis 3. Februar 1994

4. Februar 2005 bis 3. Februar 2006

3. Februar 2017 bis 3. Februar 2018

3. Februar 2029 bis 3. Februar 2030

3. Februar 2041 bis 3. Februar 2042

Lebensweg

Menschen, die im Jahr des Hahns geboren wurden, werden von ihren Mitmenschen sehr bewundert. Sie sind nicht nur besonders ehrgeizig und einfallsreich, sondern handeln in der Regel auch immer sehr bedacht. Wenn es darum geht, innovative Entscheidungen zu treffen, haben die zukunftsorientierten Hähne die Nase ebenfalls ganz weit vorn. Sie haben ständig neue Ideen, gehen die Dinge zugleich aber auch sehr gekonnt und bedacht an. Der Hahn ist intelligent, geschickt, umgänglich und kann sich gut in andere hineinversetzen. Wenn er in Schwierigkeiten gerät, reagiert er schnell und findet immer eine Lösung. Dank seiner ausgezeichneten Sozialkompetenz bleibt er auch in Konfliktsituationen zuversichtlich und versucht, diese aus dem Weg zu schaffen. Menschen mit dem Tierkreiszeichen Hahn haben oft einen besonders sanftmütigen und herzlichen Charakter, können aber auch unehrlich und durchtrieben sein. Sie sollten Rücksicht auf die Gefühle und die Würde anderer nehmen und versuchen, sich nicht immer in den Mittelpunkt zu drängen.

Persönlichkeit

Der Hahn ist ehrlich, lebhaft, einfallsreich und ungemein zielstrebig. Er arbeitet hart, ist begeisterungsfähig und großzügig. Außerdem will er immer die Nase vorn haben. Er verfügt über eine gute Konzentrations- und Reaktionsfähigkeit, ist verantwortungsbewusst und enorm diszipliniert. Faulenzer mag er überhaupt nicht. Allerdings sind Hähne dafür bekannt, sehr eitel zu sein, den Luxus zu lieben und gerne anzugeben.

Beruf und Karriere

Der Hahn ist ungemein ehrgeizig, kümmert sich aber kaum um seine finanzielle Situation. Er hat ständig neue Einfälle und ist enorm fokussiert. Seine Zielstrebigkeit und seine Willenskraft treiben ihn immer wieder dazu, dort weiterzumachen, wo andere längst aufgegeben hätten. Er erträgt es nicht, langweiligen und eintönigen Tätigkeiten nachzugehen. Seine Arbeit muss ihn erfüllen.

Liebe und Ehe

Der Hahn verfügt über eine gesunde Selbstachtung und hasst es, sich auf andere verlassen zu müssen. Trotzdem lässt er sich vom anderen Geschlecht gern verführen und mag es, unterwürfig zu sein. Ist er erst einmal verheiratet, wird er zum echten Familienmensch. Der Hahn passt gut zu Menschen mit den Tierkreiszeichen Büffel, Drache und Schlange. Von Ratten, Hasen, Hähnen und Hunden sollte er lieber die Finger lassen.

Ehe: Welches Tierkreiszeichen passt zum Hahnenmann?

Der Hahnenmann mit der Rattenfrau: Gelegentliche Streitigkeiten können ihrer Zuneigung nichts anhaben.

Der Hahnenmann mit der Büffelfrau: Die beiden werden ein glückliches Eheleben führen. Der Hahnenmann sollte sich allerdings manchmal zurückhalten und gut überlegen, was er ausspricht und was nicht.

Der Hahnenmann mit der Tigerfrau: Diese Ehe ist weit davon entfernt, perfekt zu sein.

Der Hahnenmann mit der Hasenfrau: Die beiden werden eine unbeschwerte und friedliche, aber insgesamt durchschnittliche Ehe führen.

Der Hahnenmann mit der Drachenfrau: Damit diese Beziehung funktioniert, sind Absprachen wichtig. Der Hahnenmann legt allerdings sehr großen Wert auf die Karriere und berufliche Position seiner Frau.

Der Hahnenmann mit der Schlangenfrau: Die beiden werden eine ausgeglichene Ehe führen. Sowohl der Mann als auch die Frau achten auf ihren Ruf, wodurch es kaum zu Konflikten kommt.

Der Hahnenmann mit der Pferdefrau: Trotz gelegentlicher Unstimmigkeiten werden die beiden eine recht angenehme Ehe führen.

Der Hahnenmann mit der Schaffrau: Diesem Paar steht ein friedliches Eheleben bevor. Allerdings müssen beide ihren Teil dazu beitragen, diesen Frieden aufrechtzuerhalten.

Der Hahnenmann mit der Affenfrau: Diese Ehe verläuft nicht ideal. Die Affenfrau wird niemals zufrieden mit dem sein, was ihr Mann ihr bietet.

Der Hahnenmann mit der Hahnenfrau: Wenn beide es schaffen, den Alltag zu meistern, können sie eine glückliche Ehe führen. Andernfalls wird ihre Beziehung schnell in die Brüche gehen.

Der Hahnenmann mit der Hundefrau: Trotz einiger Streitigkeiten werden die beiden eine recht angenehme Ehe führen.

Der Hahnenmann mit der Schweinefrau: In dieser Ehe läuft es nicht besonders gut, da der Hahnenmann mit seinen Worten und Taten bei seiner Frau Empörung auslöst.

Ehe: Welches Tierkreiszeichen passt zur Hahnenfrau?

Die Hahnenfrau mit dem Rattenmann: Die beiden werden friedlich zusammenleben. Trotzdem wird es hin und wieder zum Streit kommen, weshalb sowohl von der Hahnenfrau als auch vom Rattenmann Kompromissbereitschaft gefordert ist.

Die Hahnenfrau mit dem Büffelmann: Diese Ehe wird glücklich verlaufen. Beide schaffen es, sich im friedlichen Miteinander selbst zu verwirklichen.

Die Hahnenfrau mit dem Tigermann: Die beiden werden mit großer Wahrscheinlichkeit eine glückliche Ehe führen. Der Schlüssel liegt in der Geduld und darin, den anderen mit einzubeziehen.

Die Hahnenfrau mit dem Hasenmann: Zwar werden die beiden nur eine durchschnittliche Beziehung führen, trotzdem halten beide am gemeinsamen Vermögen und ihrer Ehe fest. Ihre Kinder haben eine vielversprechende Zukunft vor sich.

Die Hahnenfrau mit dem Drachenmann: Obwohl diese Beziehung nicht besonders gut funktioniert, sind alle Familienmitglieder glücklich, wenn die beiden einen Schritt aufeinander zu machen.

Der tugendhafte Hahn

Länge: 173,5 cm. Breite: 95,5 cm.
Farbe auf Papier.

Bei diesem Werk handelt es sich um ein Gemälde von Li Shan (1686–1762), einem Maler der Qing-Dynastie. Der Hahn ist ein typisches Motiv im Bereich der Vogel-und-Blumenmalerei. In der Antike sprach man ihm fünf besondere Eigenschaften zu, da er als ein tugendhaftes Tier angesehen wurde. Dies liegt nicht zuletzt an seinem Kamm, der im Chinesischen wie *guan* (Amtsperson) klingt. Aus diesem Grund wird auch dem Hahn ein hoher Rang zugeschrieben. Der obere Teil des Gemäldes ist, eine Besonderheit des Malers, mit Schriftzeichen versehen. Darunter sind eine Blume sowie ein Felsen auszumachen. Beide Motive erscheinen gleichermaßen rau und nehmen einen vergleichbaren Raum ein. Der Hahn, der sich in der Mitte des Bildes befindet, neigt den Kopf zur Seite. Seine Körperhaltung verrät, dass er endlose Energie hat und bereit ist, diese einzusetzen. Genau darin liegt der Zauber des Gemäldes: Das Motiv erzeugt eine spannungsgeladene Atmosphäre.

昔人畫德
禽於波羅
奮下名曰皮
上加官以贈
當時之縉紳
士大夫所以稱
頭之者至美
夫雜百子
應鴟膺三
命召德盖備
則天爵人爵
並美有不負
芳人徇之
心耳
乾隆七年
五月李鱓題

Die Hahnenfrau mit dem Schlangenmann: Die beiden können sich auf ein perfektes Eheleben freuen. Sie führen viele philosophische Gespräche und schätzen einander sehr.

Die Hahnenfrau mit dem Pferdemann: In dieser Ehe wird es einige Höhen und Tiefen geben. Die beiden unterstützen einander und bleiben bis an ihr Lebensende zusammen.

Die Hahnenfrau mit dem Schafmann: Die beiden sind nicht kompatibel. Anders als die Hahnenfrau hat der Schafmann nichts für Spiritualität übrig.

Die Hahnenfrau mit dem Affenmann: Die beiden sind zu unterschiedlich, als dass diese Ehe funktionieren könnte.

Die Hahnenfrau mit dem Hahnenmann: Die beiden bewundern einander für ihre Fähigkeiten und können sich gegenseitig sehr glücklich machen. Dazu müssen sie allerdings Kompromisse eingehen.

Die Hahnenfrau mit dem Hundemann: Die beiden werden sich unweigerlich streiten, wenn sie sich nicht genügend Freiraum geben.

Die Hahnenfrau mit dem Schweinemann: Diese Ehe kann nur funktionieren, wenn beide nachsichtig sind und einander stets einbeziehen.

Reichtum und Wohlstand

Was Geld betrifft, so meint es das Schicksal relativ gut mit dem Hahn. Zumindest kommt er immer über die Runden. Nachdem er in seiner Jugend nicht besonders wohlhabend war, wendet sich das Blatt im Erwachsenenalter. Er arbeitet hart und wird belohnt: Dem Hahn gelingt es, ein eigenes Unternehmen zu gründen oder seinen Traumjob zu ergattern.

Das Schicksal des Hahns
in den verschiedenen Tierjahren

Das Jahr der Ratte: Anfang des Jahres wird der Hahn finanzielle Verluste erleiden, die er zum Jahresende hin jedoch wieder ausgleichen kann. In der zweiten Jahreshälfte sollte er seine Chance nutzen, um weitere Fortschritte zu machen und kleine Gewinne zu erzielen.

Das Jahr des Büffels: Trotz einiger Höhen und Tiefen kann sich der Hahn zu einer ausgezeichneten Persönlichkeit entwickeln.

Das Jahr des Tigers: In diesem Jahr läuft das Geschäft hervorragend und der Hahn verdient gutes Geld. Er wird mit kleineren gesundheitlichen Problemen zu kämpfen haben, die ihn aber kaum beeinträchtigen.

Das Jahr des Hasen: Der Hahn sollte das Glück nicht dem Zufall überlassen und niemals Geschäfte mit anderen eingehen. Indem er sich durch harte Arbeit ein eigenes Business aufbaut, wird er ein friedliches Leben in Wohlstand führen.

Das Jahr des Drachen: Der Hahn hat großen Einfluss, was ihm über Nacht zum Erfolg verhilft. Trotzdem sollte er ein wenig vorsichtiger sein.

Das Jahr der Schlange: Der Hahn führt zwar ein ruhmreiches Leben, ist aber nicht besonders wohlhabend. Geldsorgen muss er sich allerdings nicht machen, da er stets gut über die Runden kommt. Insgesamt verläuft das Jahr recht glücklich und steckt voller Möglichkeiten.

Das Jahr des Pferdes: Dieses Jahr gleicht einer Achterbahnfahrt. Auf Pechsträhnen folgen Chancen, auf Höhen folgen Tiefen. Immer wenn der Hahn schwierige Phasen durchmacht, fügt sich schon bald darauf alles zum Guten.

Das Jahr des Schafs: Der Hahn legt eine beneidenswerte Karriere hin. Zu Beginn des Jahres darf er sich auf eine echte Glückssträhne freuen. Am Jahresende sollte er allerdings sehr bedacht handeln.

Das Jahr des Affen: Leider wird der Hahn vom Glück verlassen. Da hilft auch das Business nicht, das er sich aufgebaut hat. Immer, wenn er nach Fortschritt strebt, stellen sich ihm Hindernisse in den Weg. Auch gesundheitlich geht es ihm nicht gut – sowohl psychisch als auch körperlich. Der Hahn sollte es in diesem Jahr ruhig angehen lassen und seine Heimat möglichst nicht verlassen.

Das Jahr des Hasen: Der Versuch, ein Unternehmen zu gründen, scheitert. Immerhin erzielt der Hahn am Ende des Jahres kleinere Gewinne.

Das Jahr des Hundes: Wenn der Hahn an die richtigen Leute gerät und unterstützt wird, kann er doppelt große Erfolge erzielen, ohne auch nur halb so viel dafür zu arbeiten. Wenn er auch in anderen Lebensbereichen nach Ruhm strebt, ist jedoch besondere Vorsicht geboten. Andernfalls könnte ein großes Unglück auf den Hahn zukommen.

Das Jahr des Schweins: In diesem Jahr sind die finanziellen Möglichkeiten des Hahns begrenzt. Wenn er seine Heimat verlässt, sollte er besonders vorsichtig sein. Seine Jobsituation ist ganz zufriedenstellend, dennoch sollte er insgesamt gut Acht geben.

Das Schicksal des Hahns nach den verschiedenen Geburtsmonaten des Mondkalenders

1. Mondmonat: Der Hahn führt ein sorgloses Leben. Wenn es um die Karriere geht, ist er allerdings auf sich allein gestellt. Die meisten Hähne, die in diesem Monat zur Welt kommen, werden sich an einem langen Leben in bester Gesundheit erfreuen.

2. Mondmonat: Der fröhliche, kluge und gelehrte Hahn schafft es nicht, seine Chancen zu nutzen. Erst im mittleren und hohen Alter kann er sein angehäuftes Wissen endlich anwenden. Seine introvertierte Art hindert ihn daran, mit vielen Menschen in Kontakt zu kommen.

3. Mondmonat: Der Hahn ist von Natur aus intelligent und liebt es, zu lernen und sich akademisch weiterzubilden. Auch hat er das Glück, verbeamtet zu werden. Diesen Erfolg hat er auch der Tatsache zu verdanken, dass er sehr anpassungsfähig ist und sich im gesellschaftlichen Geschehen bestens auskennt.

4. Mondmonat: Hähne, die in diesem Monat geboren wurden, sind zwar ungemein talentiert und ehrgeizig, zugleich aber auch sehr eingebildet und arrogant. Deshalb gehen sie durch viele Höhen und Tiefen, worunter auch ihre Karriere leidet.

5. Mondmonat: Der Hahn wird in seiner ersten Lebenshälfte ein sorgloses Leben führen und eine steile Karriere hinlegen. Kurz darauf wendet sich das Blatt allerdings und wo er einst erfolgreich war, scheitert der Hahn nun. In seiner zweiten Lebenshälfte erhält er Unterstützung von Freunden und anderen Menschen aus seinem Umfeld. Dadurch läuft es im Beruf wieder besser. Große Fortschritte sind allerdings nicht in Sicht.

6. Mondmonat: Dem hart arbeitenden Hahn fällt es schwer, ein ruhiges, beständiges und finanziell abgesichertes Leben zu führen. Im Laufe seiner Karriere stößt er häufig auf Schwierigkeiten. Wenn er einen starken Willen zeigt und sein Scheitern nicht einfach hinnimmt, kann er es beruflich dennoch weit schaffen.

7. Mondmonat: Hähne, die in diesem Monat geboren wurden, führen ein sorgloses, glückliches und friedliches Leben.

8. Mondmonat: Der fröhliche, kluge und ehrgeizige Hahn steckt auch in schwierigen Zeiten nicht den Kopf in

Glück (Hahn) im Überfluss (Fisch)

Dieses Muster gilt laut chinesischer Tradition als glücksbringend. Das Wort Glück (ji) klingt wie Hahn, während der Begriff für Überfluss wie Fisch (yu) klingt. Aufgrund dieser Zusammenhänge hoffte man am Neujahrsfest auf ein besonders fruchtbares Jahr. Das abgebildete Muster stand seinerzeit also alljährlich für den Wunsch nach einem glücklichen neuen Lebensjahr in Wohlstand.

den Sand. Das zahlt sich aus: Er wird stets in Wohlstand leben und von seinen Mitmenschen respektiert werden.

9. Mondmonat: Der Hahn führt ein angenehmes Leben, ohne dass er je in ernsthafte Schwierigkeiten gerät. Das Schicksal meint es gut mit ihm, und er kann sich auf ein großes Vermögen freuen.

10. Mondmonat: Dem Hahn fehlt es an Antrieb, um sich zu bilden. Deshalb bleibt er seinem Schicksal überlassen und wird ein ziemlich ereignisloses Leben führen.

11. Mondmonat: Der fröhliche, feinfühlige und ungemein talentierte Hahn hat große Ziele und Ambitionen. Allerdings verfällt er oft in Depressionen, da ihn niemand in seiner Laufbahn unterstützt.

12. Mondmonat: Der Hahn ist nicht nur fröhlich, klug und ehrlich, sondern hat auch einen ausgeprägten Gerechtigkeitssinn und setzt sich gerne für andere ein. Er arbeitet stets sehr hart. Obwohl er finanziell abgesichert ist, schafft er es nicht, sein Leben zu genießen.

Das Schicksal des Hahns nach den verschiedenen Geburtstagen des Mondkalenders

1. Tag: In der Familie des Hahns geht es nicht besonders harmonisch zu und es kommt regelmäßig zum Streit. Das Glück kann zurückkommen, wenn der Hahn gute Taten vollbringt und versucht, ein besserer Mensch zu werden.

2. Tag: Solange sich der Hahn feste Ziele setzt, kann er durchaus erfolgreich werden. Wenn er einmal eine Entscheidung getroffen hat, sollte er möglichst dabei bleiben. Unbedachte Veränderungen sind zum Scheitern verurteilt und können weitreichende Folgen haben.

3. Tag: Hähne, die an diesem Tag geboren wurden, können sich auf ihre Familie verlassen. Trotz ihrer lie-

benswerten Art meint es das Schicksal allerdings nicht gut mit ihnen. Deshalb sollten sie viel Gutes tun und ihre Werte überdenken.

4. Tag: Der treue und ehrliche Hahn wird schon in jungen Jahren ein ruhmreiches Leben führen. Auch finanziell läuft es hervorragend, und alles scheint ihm leicht von der Hand zu gehen.

5. Tag: Der fröhliche und selbstständige Hahn hat Erfolg auf ganzer Linie, was ihm automatisch zu Reichtum verhilft. Auch in der Ehe läuft es ausgezeichnet.

6. Tag: Dank seiner Intelligenz und Besonnenheit wird der Hahn sein Leben gut organisieren und nur selten scheitern.

7. Tag: Dem Hahn fehlt es an Willensstärke und Entschlossenheit. Er geht die Dinge zu vorsichtig an und sollte unbedingt mutiger werden.

8. Tag: Der Hahn ist für seine unberechenbare Art bekannt. Er scheint zwei Seiten zu haben, was ihn oft in Schwierigkeiten bringt. Wenn er Willensstärke zeigt und die Dinge mit Vernunft angeht, kann er sich dennoch enorm weiterentwickeln.

9. Tag: Das Schicksal des Hahns wird von Armut, Not und Krankheit bestimmt, weshalb er in seinem Leben nicht viel erreichen wird.

10. Tag: Der talentierte und glückliche Hahn kann ungemein aufbrausend sein. In seinem Leben wird er sowohl Erfolge verzeichnen als auch scheitern.

11. Tag: Beruflicher Erfolg bleibt dem Hahn verwehrt, da er als überheblicher Heuchler bekannt ist und es ihm an Geduld fehlt.

12. Tag: Hähne, die an diesem Tag geboren wurden, lieben den Wein, die Frauen und das Glücksspiel. Wenn er nicht mehr in Armut leben und ständig in Schwierigkeiten geraten will, muss der Hahn lernen, sich zu beherrschen.

13. Tag: Dem Hahn stehen schon von Geburt an alle Türen offen. Er verfolgt große Ziele, ist loyal und ehrlich. Wenn er seine Pläne voller Energie angeht, wird er garantiert Erfolg haben.

14. Tag: Der Hahn ist von Natur aus aufbrausend. Auch handelt er oft unüberlegt und ist nicht besonders organisiert, weshalb er häufig scheitert.

15. Tag: Der Hahn wächst in einer wohlhabenden Familie auf. Er führt ein ruhmreiches Leben und wird im Alter gut von seinen Kindern umsorgt.

16. Tag: Hähne, die an diesem Tag geboren wurden, machen vor lauter Unsicherheit oft auf halbem Weg kehrt, ohne die Dinge zu Ende zu bringen. Mit viel Willensstärke und Durchhaltevermögen schaffen sie es dennoch zum Erfolg.

17. Tag: Der Hahn wird bereits als Glückspilz geboren. Er wächst in einer wohlhabenden Familie auf, erfreut sich bester Gesundheit und heiratet eine tugendhafte Frau, mit der er liebevolle Kinder zeugen wird.

18. Tag: Hähne, die an diesem Tag geboren wurden, werden verbeamtet und machen ihre Familie stolz. Darauf sollten sie sich allerdings nicht zu viel einbilden.

19. Tag: Der tatkräftige und fröhliche Hahn geht die Dinge entschlossen und vernünftig an. Er schafft es aus eigener Kraft zum Erfolg.

20. Tag: Nachdem der Hahn in seinen jungen Jahren harte Zeiten durchmacht, ist im Erwachsenenalter endlich ein Licht am Ende des Tunnels zu sehen. Dank seines starken Willens führt er im hohen Alter ein sorgloses Leben in Wohlstand.

21. Tag: Der fröhliche und kluge Hahn ist von hilfsbereiten Menschen umgeben. Wenn er all seinen Mut zusammennimmt und vorausschauend handelt, wird er einmal weltberühmt sein.

22. Tag: Dem Hahn fehlt es in harten Zeiten an Durchhaltevermögen und Kampfgeist. Nur, wenn er sich nicht unterkriegen lässt, kann er es von ganz unten nach ganz oben schaffen.

23. Tag: Der Hahn ist nicht nur ungemein intelligent und talentiert, sondern auch vertrauenswürdig. Er hat das Zeug dazu, großartige Leistungen zu erbringen.

24. Tag: Der Hahn hat keine Familie, die ihm den Rücken stärkt. Trotzdem verfolgt er eisern seine Ziele, um ein eigenes Unternehmen zu gründen. Dieses Vorhaben ist allerdings zum Scheitern verurteilt, da es ihm am nötigen Geschick fehlt.

25. Tag: Der Hahn ist bekannt für seine ausgeglichene und gefestigte Persönlichkeit. In seinen ersten Lebensjahren hat er es sehr schwer. Zum Glück wendet sich das Blatt: Mit Eintritt ins Erwachsenenleben darf er sich auf ein riesiges Vermögen freuen.

26. Tag: Der Hahn hat von Natur aus einen ausgezeichneten Geschäftssinn. Dank verschiedener Einnahmequellen wird er ein sorgloses Leben in Wohlstand führen.

27. Tag: Der Hahn ist intelligent und kann durchaus erfolgreich werden, solange er hart dafür arbeitet.

28. Tag: Der fröhliche, kluge und vielseitige Hahn wird mit hoher Wahrscheinlichkeit Erfolg haben – vorausgesetzt, er strengt sich an.

29. Tag: Da der Hahn über einen ausgeprägten Gerechtigkeitssinn verfügt, setzt er sich gerne für andere ein, auch wenn er dafür seine eigenen Interessen zurückstellen muss. Hähne, die an diesem Tag geboren wurden, sind bekannt für ihre Freundlichkeit und Hilfsbereitschaft.

30. Tag: Mal hat der Hahn eine Pechsträhne, mal ist er ein echter Glückspilz. Er hat zahlreiche Fähigkeiten, die er aufgrund seines mangelnden Konzentrationsvermö-

Die Hahnenschale

Die Form der abgebildeten Schale wird nach unten hin immer schmaler Der Schalenboden ist flach. Das Trinkgefäß ist besonders zierlich verarbeitet und fällt durch die weiche, geschmeidige Kontur auf. Der Becher wirkt beinahe festlich, elegant und anmutig. An der Außenseite der Tasse sind Hähne und Hennen auszumachen, die durch eine Frühlingslandschaft mit Hügeln, Rosen und Orchideen spazieren. Seit der Ming-Dynastie ist diese Tasse besonders wertvoll. In den letzten Jahren wurde ihr Preis mit jeder Versteigerung höher und sie zählt heute zu den kostbarsten chinesischen Porzellanwaren.

gens aber kaum einsetzen kann. Nur, wenn er sich gezielt auf seinen Job fokussiert, kann er sich weiterentwickeln und Erfolg haben.

Das Schicksal des Hahns nach den verschiedenen Geburtsstunden

23–01 Uhr: Dank der Unterstützung durch seine Familie wird der Hahn eine erfolgreiche Karriere hinlegen und ein sorgloses Leben führen. Allerdings fehlt es ihm an Ehrgeiz, weshalb er keinen besonders großen Beitrag für die Gesellschaft leistet.

01–03 Uhr: Der Hahn ist cholerisch, frech, grimmig und hat einen ausgeprägten Gerechtigkeitssinn. Er lässt sich auch in schwierigen Zeiten nicht unterkriegen und wächst gerade in Notsituationen über sich hinaus. Während er im Beruf nur mäßigen Erfolg hat, kommen sein Mut und seine Rechtschaffenheit bei seinen Mitmenschen umso besser an. Diese Beliebtheit trägt erheblich dazu bei, dass er ein zufriedenes Leben führt.

03–05 Uhr: Der attraktive und körperlich fitte Hahn ist für seine Ehrlichkeit bekannt und wird ein sorgloses Leben führen.

05–07 Uhr: Der Hahn ist nicht nur fröhlich und klug, sondern auch unberechenbar. Das erschwert ihm die soziale Interaktion mit seinen Mitmenschen. Er sollte versuchen, sich weiterzuentwickeln und sein Temperament zu zügeln. Nur so kann er ein friedliches und ruhiges Leben führen.

07–09 Uhr: Der sanftmütige und ehrliche Hahn steht zu seinem Wort. Allerdings ist er sehr stur und es fällt ihm schwer, den Rat seiner Mitmenschen anzunehmen. Trotzdem erhält er eine Menge Unterstützung – sei es dabei, eine Stelle im öffentlichen Dienst zu ergattern oder anderweitig Geld zu verdienen. In jedem Fall wird er eine steile Karriere hinlegen und ein glückliches und sorgloses Leben führen.

09–11 Uhr: Das Leben des Hahns gleicht einer Achterbahnfahrt. Mal scheitert er, mal hat er Erfolg. Nachdem ihm seine Vorhaben wiederholt missglücken, schafft er aber meist den Durchbruch. Er sollte stets überlegt handeln, ruhig und besonnen bleiben und auch offen für Veränderungen sein. Der Schlüssel zum langanhaltenden Erfolg liegt darin, in guten wie in schlechten Zeiten Ruhe zu bewahren.

11–13 Uhr: Was der fröhliche und kluge Hahn sich vornimmt, gelingt ihm auch. Er wird ein glückliches und glorreiches Leben führen.

13–15 Uhr: Der vielseitige, intelligente und geistreiche Hahn wird seine Heimat verlassen, um Karriere zu machen und eine Familie zu gründen. Dort erhält er eine Menge Unterstützung. Nachdem er es in seinen ersten Jahren sehr schwer hatte, wendet sich das Blatt mit Eintritt ins Erwachsenenleben, und vor allem im hohen Alter wird der Hahn ein glückliches Leben führen.

15–17 Uhr: Der gutherzige Hahn lernt schnell, ist loyal und kümmert sich rührend um seine Eltern. Er wird entweder eine hohe soziale Position einnehmen oder sehr wohlhabend sein. Andere Menschen bewundern ihn, und man kennt ihn im ganzen Land. Bis ins hohe Alter führt er ein friedliches und sorgloses Leben.

17–19 Uhr: Trotz einiger Höhen und Tiefen wird der Hahn ein glückliches und friedliches Leben führen. Von seiner Familie und anderen Menschen in seinem Umfeld erhält er viel Unterstützung. Dies verschafft ihm nicht nur eine Position im öffentlichen Dienst, sondern auch ein gutes Einkommen.

19–21 Uhr: Der Hahn wird schon in jungen Jahren von zu Hause fortgehen, um Karriere zu machen – und tatsächlich erzielt er einige bemerkenswerte Erfolge. In der Ehe geht der Hahn allerdings durch zahlreiche Höhen und Tiefen. Er sollte besser treu sein.

21–23 Uhr: Der fröhliche und spontane Hahn ist dazu prädestiniert, sein eigenes Unternehmen zu gründen. Er wird sich voll und ganz seiner Karriere widmen. Dank seiner Intelligenz und seines Durchhaltevermögens schafft er es, beruflich sehr erfolgreich zu werden und ein sorgloses Leben zu führen.

Kapitel 11

Der Hund

Der Hund wird als das Tier angesehen, das eine besondere Beziehung zum Menschen hat, da er ihm treu ergeben ist. Der Hund belegt den elften Rang im Chinesischen Horoskop und steht für »Loyalität«.

Die Mondjahre des Hundes
im Sonnenkalender

4. Februar 1922 bis 4. Februar 1923

4. Februar 1934 bis 4. Februar 1935

4. Februar 1946 bis 3. Februar 1947

4. Februar 1958 bis 3. Februar 1959

4. Februar 1970 bis 3. Februar 1971

4. Februar 1982 bis 3. Februar 1983

4. Februar 1994 bis 3. Februar 1995

4. Februar 2006 bis 3. Februar 2007

4. Februar 2018 bis 3. Februar 2019

4. Februar 2030 bis 3. Februar 2031

4. Februar 2042 bis 3. Februar 2043

Lebensweg

Menschen, die im Jahr des Hundes geboren wurden, sind fröhlich und begeisterungsfähig. Hundefrauen gelten als besonders glamourös und attraktiv. Hunde haben einen ausgeprägten Gerechtigkeitssinn, sind liebevoll und stehen zu ihren Prinzipien. Was sie tun, tun sie mit Hingabe. Sie sind treu, ehrlich, freundlich, verständnisvoll und aufrichtig. Zudem haben sie eine gute Intuition und werden von ihren Mitmenschen respektiert. Allerdings sollten sie versuchen, ihre Launen in den Griff zu bekommen, da sie andernfalls einige Rückschläge erleiden werden.

Persönlichkeit

Der Hund ist dafür bekannt, besonders gerecht, mutig und verständnisvoll, manchmal aber auch ein wenig hitzig zu sein. In Notsituationen bleibt er ruhig und beherrscht. Obwohl es ihm finanziell relativ gut geht, sind ihm materielle Dinge nicht wichtig – im Gegensatz zu langjährigen Freundschaften. Eine seiner Schwächen liegt darin, dass er sich verbal nicht gut ausdrücken kann. Außerdem zieht er seine Vorhaben nicht immer durch beziehungsweise macht gerne mal auf halbem Weg kehrt.

Beruf und Karriere

Der Hund zeichnet sich durch sein enormes Verantwortungsbewusstsein aus. Zudem ist er sehr bodenständig, arbeitet hart und ist ungemein willensstark, wenn es darum geht, Hürden zu überwinden. Außerdem sind Menschen mit dem Tierkreiszeichen Hund selbstständig und vorsichtig in allem, was sie tun. Sie stehen zu ihren Prinzipien, können sich gut fokussieren und schaffen es dank ihrem Organisiertheit, geplante Projekte umzusetzen. Im Laufe seines Lebens übt der Hund nur ein oder zwei verschiedene Berufe aus. Bei der Jobwahl stehen für ihn die Sicherheit und ein geregeltes Einkommen im Vordergrund.

Liebe und Ehe

Menschen mit dem Tierkreiszeichen Hund sind ihren Ehepartnern treu ergeben. Die meisten Hunde wählen Partner, die besonders geduldig sind. Bevor es zur Hochzeit kommt, verbringen sie gerne viel Zeit mit der anderen Person, um sie richtig kennenzulernen. Da der Hund ein gutes Gespür hat und er seiner Familie viel Aufmerksamkeit widmet, verlaufen seine Beziehungen in der Regel sehr harmonisch. Er sollte möglichst eine Beziehung mit dem Tiger, dem Hasen oder dem Pferd eingehen. Bei Menschen mit den Tierkreiszeichen Büffel, Drache, Schaf und Hahn ist hingegen Vorsicht geboten.

Zehn Hunde

Dieses Gemälde stammt von Giuseppe Castiglione (1688–1766), einem italienischen Maler, der für den Qing-Hof arbeitete. Er war unter anderem auch an der Gestaltung des Alten Sommerpalastes beteiligt, dessen Design sich am europäischen Vorbild orientierte. Castiglione diente nacheinander Kaiser Kangxi, Yongzheng und Qianlong in der Qing-Dynastie und beschäftigte sich in der gesamten Zeit – über 50 Jahre lang – mit der Chinesischen Malerei. Dabei wagte er einen ganz neuen Schritt, indem er allmählich die Westliche Malerei in die Chinesische Kunst integrierte. So entstand eine noch nie dagewesene Maltechnik und ein neuer Bildstil.

Ehe: Welches Tierkreiszeichen passt zum Hundemann?

Der Hundemann mit der Rattenfrau: Die beiden geben ein ganz gutes Paar ab. Die sanftmütige Rattenfrau schafft es, ihrem Mann ein wohliges Gefühl und Zärtlichkeit zu vermitteln.

Der Hundemann mit der Büffelfrau: Diese Ehe wird nicht besonders harmonisch verlaufen und kann nur funktionieren, wenn beide Partner sich ein Stück weit entgegenkommen und Verständnis füreinander aufbringen.

Der Hundemann mit der Tigerfrau: Die beiden werden eine recht durchschnittliche Ehe und ein einfaches Leben führen. Immerhin setzen sie bezaubernde Kinder in die Welt.

Der Hundemann mit der Hasenfrau: Die beiden werden eine harmonische Ehe führen. Sie respektieren einander und genießen ein sorgloses Leben.

Der Hundemann mit der Drachenfrau: Ein harmonisches Zusammenleben ist nicht möglich. Der Drachenfrau fehlt es an Vertrauen, wodurch es oft zum Streit kommt.

Der Hundemann mit der Schlangenfrau: Die beiden werden glücklich miteinander sein und ein ruhiges und harmonisches Familienleben führen.

Der Hundemann mit der Pferdefrau: Dieses Paar darf sich auf ein glückliches Eheleben freuen. Die beiden lieben einander und setzen bezaubernde Kinder in die Welt.

Der Hundemann mit der Schaffrau: Ein glückliches und langanhaltendes Eheleben ist nur dann möglich, wenn beide Partner Verständnis füreinander aufbringen.

Der Hundemann mit der Affenfrau: Die beiden werden recht harmonisch zusammenleben. Beide haben ähnlich realistische Vorstellungen vom Leben.

Der Hundemann mit der Hahnenfrau: Eine ideale Ehe sieht anders aus. Die beiden sind einfach nicht auf einer Wellenlänge. Nur, wenn beide Verständnis füreinander aufbringen, kann diese Beziehung funktionieren.

Der Hundemann mit der Hundefrau: Trotz kleiner Streitigkeiten ist ein harmonisches Zusammenleben durchaus möglich.

Der Hundemann mit der Schweinefrau: Die beiden werden eine harmonische Beziehung führen und kommen gut miteinander aus. Sie haben eine Gemeinsamkeit: Beide sind besonders großzügig.

Ehe: Welches Tierkreiszeichen passt zur Hundefrau?

Die Hundefrau mit dem Rattenmann: Dieses Paar wird recht glücklich zusammenleben, da beide bereit sind, für den anderen Kompromisse einzugehen.

Die Hundefrau mit dem Büffelmann: Da die beiden unterschiedliche Ansichten haben, kann es hin und wieder zu Streitigkeiten kommen. Deshalb sollten sie Verständnis füreinander aufbringen und sich entgegenkommen.

Die Hundefrau mit dem Tigermann: Die beiden teilen dieselben Ideale und ziehen gemeinsam an einem Strang, weshalb sie harmonisch zusammenleben.

Die Hundefrau mit dem Hasenmann: Diese Ehe wird sehr glücklich verlaufen.

Die Hundefrau mit dem Drachenmann: Von einem harmonischen Familienleben kann nicht die Rede sein, da sich die Drachenfrau sehr über ihren angeberischen Ehemann ärgert.

Die Hundefrau mit dem Schlangenmann: Der Schlangenmann ist selbstständig und finanziell gut aufgestellt, weshalb sich seine Ehefrau an seiner Seite sicher fühlt.

Die Hundefrau mit dem Pferdemann: Beide sind kontaktfreudig und lebhaft und führen ein glückliches Familienleben.

Die Hundefrau mit dem Schafmann: Wenn die beiden eine glückliche Beziehung führen möchten, müssen sie sich anstrengen und Verständnis füreinander aufbringen.

Die Hundefrau mit dem Affenmann: Die beiden werden eine relativ glückliche Ehe führen.

Die Hundefrau mit dem Hahnenmann: Diese Konstellation ist nicht empfehlenswert. Nur mit Nachsicht und

Die Tibetdogge

Charakteristisch für die Tibetische Dogge ist die dunkelgelbe Fellfarbe auf der Brust sowie besonders breite Pfoten. Seine oberen Lefzen hängen typischerweise herab und verdecken so die unteren Lefzen. Aus dem Maul des Hundes ragen gigantische Zähne. Tibetdoggen zählen zu den weltweit ältesten seltenen Hunderassen. Sie sind außergewöhnlich anpassungsfähig und robust. Die rauen Bedingungen in den Bergen können ihnen nichts anhaben. In Tibet, Nepal und anderen Himalaya-Regionen wird die Tibetische Dogge heutzutage oft als Wachhund für Tempel und Häuser, aber auch als Haustier gehalten. Wenn tibetische Händler auf Reisen gehen, dient ihnen die Dogge häufig als Weggefährte, der ihre Schafe und Waren verteidigt. In der chinesischen Volkskultur werden Tibetdoggen als wiedergeborene Helden verehrt, die nun ihr Herrchen beschützen. Dieser Beschützerinstinkt ist tief in der Hunderasse verankert, weshalb sie gerade Nomaden enorme Sicherheit bieten.

gegenseitigem Verständnis kann eine Beziehung funktionieren.

Die Hundefrau mit dem Hundemann: Trotz kleiner Streitigkeiten ist ein harmonisches Zusammenleben durchaus möglich.

Die Hundefrau mit dem Schweinemann: Die beiden ergänzen sich perfekt, sei es in ihrer Persönlichkeit oder ihrem Schicksal. Deshalb steht einem perfekten Eheleben nichts im Wege.

Reichtum und Wohlstand

Der Hund ist nicht besonders vermögend, doch wirft er das wenige Geld, das er hat, niemals zum Fenster raus. Im Gegenteil, er ist sehr sparsam und kann ziemlich gut haushalten.

Das Schicksal des Hundes in den verschiedenen Tierjahren

Das Jahr der Ratte: In diesem Jahr läuft es finanziell besonders gut. In anderen Lebensbereichen hat der Hund allerdings nicht so viel Glück. Er sollte besonders vorsichtig sein: Womöglich passiert etwas Unerwartetes.

Das Jahr des Büffels: Der Hund verdient in diesem Jahr sehr schlecht, was nicht zuletzt an seiner verbalen Ausdrucksweise liegt. Gegen Ende des Jahres erhält er Unterstützung von seinen Mitmenschen.

Das Jahr des Tigers: In diesem Jahr läuft es finanziell nicht so gut wie erhofft. Loyalität am Arbeitsplatz ist gefragt.

Das Jahr des Hasen: Dem Hund stehen alle Türen offen. Er sollte mehr gute Taten vollbringen.

Das Jahr des Drachen: Der Hund geht beruflich durch viele Höhen und Tiefen. Er sollte an dem festhalten, was er hat, und jede Chance nutzen, um in Start-ups zu investieren.

Das Jahr der Schlange: Der Hund wird ein ruhiges Jahr haben, wenn er besonnen handelt und nicht zu risikofreudig ist.

Das Jahr des Pferdes: In diesem Jahr stehen die Sterne gut, um viel Geld nach Hause zu bringen. Allerdings sollte der Hund auf seine Gesundheit achten und sich nicht überanstrengen.

Das Jahr des Schafs: Der Hund arbeitet hart, was sich aber nicht auszahlt. Erst gegen Ende des Jahres läuft es beruflich besser.

Das Jahr des Affen: In diesem Jahr hat der Hund nur wenige Erfolge zu verbuchen. Wann auch immer er sich etwas in den Kopf setzt, werden ihm Steine in den Weg gelegt.

Das Jahr des Hahns: Finanziell läuft es gar nicht gut. Der Hund sollte sich unterordnen und mehr gute Taten vollbringen.

Das Jahr des Hundes: Wenn der Hund nach dem Motto »Angriff ist die beste Verteidigung« lebt, stehen ihm automatisch alle Türen offen. Es wäre allerdings ratsam, mehr gute Freunde zu gewinnen.

Das Jahr des Schweins: Der Hund sollte aufs Ganze gehen, jede Chance nutzen und sein eigenes Unternehmen gründen.

Das Schicksal des Hundes nach den verschiedenen Geburtsmonaten des Mondkalenders

1. Mondmonat: Der Hund wird ein einfaches, aber sorgloses Leben ohne besondere Höhen und Tiefen führen.

2. Mondmonat: Glück und Leid liegen nah beieinander. Der Hund ist häufig sehr ichbezogen, was bei seinen Mitmenschen zu Unmut führt und ihn in große Schwierigkeiten bringt. Im Erwachsenenalter erhält er trotzdem Unterstützung. Von ernsthaften Katastrophen bleibt er verschont.

3. Mondmonat: Der vielseitige Hund führt ein recht glückliches Leben. Um zu Geld zu kommen, muss er neue Freundschaften knüpfen.

4. Mondmonat: Der Hund verfolgt keine besonderen Ziele, ist aber zufrieden mit dem, was er hat. Er ist freundlich und herzlich, hat einen großen Freundeskreis und führt stets ein sorgloses und friedliches Leben.

5. Mondmonat: Der Hund wächst in einer wohlhabenden Familie auf. Bis er seine Karriere zum Laufen bringt, dauert es allerdings ein wenig, und erst im Erwachsenenalter kann er einige Erfolge verbuchen. Je älter er wird, desto mehr Geld bringt er nach Hause.

6. Mondmonat: Obwohl der Hund sehr bedacht handelt, kontaktfreudig ist, sich bester Gesundheit erfreut und große Ziele verfolgt, meint es das Schicksal einfach nicht gut mit ihm, sodass er meist scheitert.

7. Mondmonat: Hunde, die in diesem Monat geboren wurden, definieren sich durch ihre Entschlossenheit. Zudem sind sie sanftmütig und haben einen ausgeprägten Gerechtigkeitssinn. Das Glück lässt allerdings auf sich warten, bis der Hund die Vierziger erreicht. Dann wird er jedoch ein abgesichertes Leben führen.

8. Mondmonat: Dank seiner überragenden Talente legt der Hund eine steile Karriere hin. Er verdient beneidenswert gut und lebt ein sorgloses Leben in Wohlstand.

9. Mondmonat: Der Hund führt ein sorgloses und glückliches Leben. Er zeichnet sich durch seine Selbstständigkeit und Entschlossenheit aus. Zudem ist er einfallsreich und verfolgt seine Ziele. Allerdings sollte er seinen Mitmenschen mehr Respekt zollen.

10. Mondmonat: Der rechtschaffene und talentierte Hund erleidet schon in jungen Jahren zahlreiche Rückschläge. In seinen Dreißigern wendet sich das Blatt aber, und er darf sich auf ein beständiges Familien- und Berufsleben freuen.

11. Mondmonat: Mit Eintritt ins 25. Lebensjahr geht es für den Hund bergauf. So richtig rund läuft es allerdings erst ab dem 70. Lebensjahr.

12. Mondmonat: Der Hund kann sich auf ein harmonisches Familienleben freuen und wird generell stets glücklich sein. Auch beruflich erzielt er großartige Erfolge.

Das Schicksal des Hundes nach den verschiedenen Geburtstagen des Mondkalenders

1. Tag: Der Hund ist ehrlich, verständnisvoll und hat einen ausgeprägten Gerechtigkeitssinn. Das zahlt sich aus: Er lebt in Saus und Braus.

2. Tag: Die Moral ist dem sanftmütigen und ehrlichen Hund ungemein wichtig, weshalb er stets viele gute Taten vollbringt.

3. Tag: Die Schwäche des fröhlichen und aufgeschlossenen Hundes liegt in seiner Ungeduld. Während dem männlichen Hund seine Freunde ungemein wichtig sind, würdigt er Frauen oft herab. Finanziell läuft es beneidenswert gut.

4. Tag: In seinen jungen Jahren verdient der Hund nur sehr wenig. Durch die Unterstützung seiner Mitmenschen gelingt ihm aber schließlich der berufliche Durchbruch und er genießt ein Leben in Ruhm und Reichtum.

5. Tag: Der cholerische Hund arbeitet ungemein hart. Das wird ihm gesundheitliche Probleme bescheren. Sein Schicksal wird sich nur dann zum Guten wenden, wenn er es schafft, ruhig und besonnen zu bleiben.

6. Tag: Der fröhliche und tugendhafte Hund könnte einmal berühmt werden. Der männliche Hund erhält Unterstützung von seiner Gattin, während die Hundefrau ebenfalls von einem netten Ehemann profitiert.

7. Tag: Der Hund erfreut sich bester Gesundheit und ist finanziell außerordentlich gut aufgestellt.

8. Tag: Der fröhliche, tatkräftige und einfallsreiche Hund ist für seine Bodenständigkeit bekannt. Zudem ist er sehr zielstrebig und selbstständig, was ihn mit hoher Wahrscheinlichkeit zum Erfolg führt.

9. Tag: Der Hund muss schon früh hart arbeiten, da er aus ärmeren Verhältnissen stammt. Im Erwachsenenalter wendet sich das Blatt allerdings und er legt eine steile Karriere hin.

10. Tag: Der kluge, flexible und tatkräftige Hund kann gut mit Veränderungen umgehen und schafft es immer aus eigener Anstrengung zum Erfolg.

11. Tag: Der freimütige Hund kann sich sprachlich gut ausdrücken. Manchmal ist er ein wenig eitel. Er gründet mit hoher Wahrscheinlichkeit eine Familie und macht Karriere – vorausgesetzt, er zeigt genug Willensstärke.

12. Tag: Der Hund hat zuerst einige Anlaufschwierigkeiten, wenn es um seine Karriere geht. Im Erwachsenenalter läuft es allerdings besser, und er kann ein geregeltes und finanziell abgesichertes Leben führen. Auch im hohen Alter ist der Hund sehr glücklich, was nicht zuletzt an seinen aufopfernden Kindern liegt.

13. Tag: Der Hund ist zwar mit außergewöhnlichen Talenten gesegnet, wächst aber in einem ärmlichen Elternhaus auf und erhält auch sonst keine Unterstützung von seiner Familie. Deshalb muss er schon früh selbstständig werden und hart arbeiten.

14. Tag: Der Hund hat es in seiner Kindheit außerordentlich schwer. Erst im Erwachsenenalter wendet sich das Blatt. Allerdings muss er sich alles selbst erarbeiten.

15. Tag: Der fröhliche und wissbegierige Hund zeichnet sich durch seine Vielseitigkeit aus. Er geht seinen eigenen Weg und arbeitet sich von ganz unten hoch.

16. Tag: Dank seiner angeborenen Talente und einer guten akademischen Ausbildung kann der Hund durchaus erfolgreich werden – solange er immer fleißig und strebsam ist.

17. Tag: Der fröhliche und kluge Hund kann durchaus erfolgreich werden. Er wird über viel Macht und Einfluss verfügen und in Wohlstand leben.

18. Tag: Obwohl der offenherzige und ungeduldige Hund hart arbeitet, scheitert er immer wieder.

19. Tag: Der gutherzige, treue, ehrliche und großzügige Hund erhält viel Unterstützung von seinen Mitmenschen. Das verhilft ihm zum Erfolg.

20. Tag: Hunde, die an diesem Tag geboren wurden, zeichnen sich durch eine scharfe Zunge, ein weiches Herz und einen ausgeprägten Gerechtigkeitssinn aus. Sie gewinnen schnell neue Freunde und führen – zumindest nach Eintritt ins Erwachsenenalter – ein außerordentlich glückliches Leben.

21. Tag: Der flexible und einfallsreiche Hund ist ungemein sprachgewandt und dazu geboren, Führungspositionen einzunehmen. Energiegeladen wie er ist, hat er Aussicht auf große Erfolge.

22. Tag: Der Hund hat eine starke Persönlichkeit und ist schnell gereizt. Was andere denken, interessiert ihn nicht. Diese Einstellung macht es ihm schwer, Erfolge zu erzielen.

23. Tag: Dank seiner Intelligenz schafft der Hund den beruflichen Durchbruch. In der Politik wird er sich hingegen keinen Namen machen. Finanziell läuft es für den Hund gut und er führt ein Leben in Wohlstand.

24. Tag: Hunde, die an diesem Tag geboren wurden, sind von Natur aus sehr klug und können sich auf eine

Jade-Anhänger in Hundeform

Höhe: 5,7 cm. Länge: 3,5 cm. Breite: 0,5 cm. Farbe: dunkelgrün.
Zierjade aus der späten Shang-Dynastie.
Grabmal von Fuhao, Anyang, Provinz Henan.
Archäologisches Forschungsinstitut der Chinesischen Akademie für
Sozialwissenschaften.

Der Hund ist in einer für Hunde und Wölfe typischen Körperhaltung abgebildet, der Kopf ist so gedreht, dass der Blick des Tieres nach hinten gerichtet ist. Der Jadehund zeichnet sich durch runde Augen, zurückgelegte
Ohren und ein nach oben gerecktes Hinterteil aus. Seine Beine sind auf-
fallend kurz. Die Vorderbeine befinden sich direkt unter dem Hals, die
Hinterbeine sind leicht gebeugt. Der lange Schwanz des Hundes steht
schräg nach unten ab, der Hals ist mit sich überlappenden Mustern ver-
ziert, und auch der restliche Körper ist auf beiden Seiten mit Schnörkeln
versehen. Alle vier Pfoten sind auf Hochglanz poliert. In den oberen Lefzen und der vorderen Pfote befindet sich jeweils ein kleines Loch. Erste-
res ist so gesetzt, dass der Anhänger gut ausbalanciert ist, wenn man eine
Kette hindurchzieht. Allerdings kann das Jade-Schmuckstück nicht nur
als Kette, sondern auch als Schnitzwerkzeug verwendet werden.

außergewöhnlich erfolgreiche Karriere freuen, die ihnen und ihrer Familie Ruhm und Ehre einbringen.

25. Tag: Der Hund muss schon in jungen Jahren eine Menge Hürden überwinden und Höhen wie Tiefen durchleben. Nach dem Sturm glätten sich die Wogen zum Glück.

26. Tag: Die Sterne stehen günstig. Der Hund ist umgänglich und anständig.

27. Tag: Nach regnerischen Zeiten lässt sich die Sonne wieder blicken: Mit Eintritt ins Erwachsenenalter wendet sich alles zum Guten und beruflich läuft es außerordentlich gut. Der Hund wird erfolgreiches Leben in Ruhm und Reichtum führen und auch in der Ehe läuft es harmonisch.

28. Tag: Der Hund ist mit großartigen Talenten gesegnet und wird mit hoher Wahrscheinlichkeit eine Machtposition einnehmen und respektiert werden. Er lebt mit seiner Familie in Wohlstand und legt eine großartige Karriere hin.

29. Tag: Der gebildete, talentierte und unternehmungslustige Hund zeichnet sich durch seine ungemein starke Persönlichkeit aus. Seinen Mitmenschen misstraut er, was unweigerlich zu Konflikten führt.

30. Tag: Der Hund hat im Leben mehr Glück als Pech, führt eine harmonische Ehe, und auch beruflich läuft es gut. Er und seine Familie können sich auf ein finanziell abgesichertes Leben freuen.

Das Schicksal des Hundes nach den verschiedenen Geburtsstunden

23–01 Uhr: Der Hund strebt Ziele an, die für ihn in Wahrheit unvorteilhaft sind, und verstrickt sich dabei in einer unangenehmen Situation.

01–03 Uhr: Der Hund muss sich auf schwierige Zeiten und unerwartete Vorfälle gefasst machen. Doch das

Glück ist auf seiner Seite: Er erhält Unterstützung von seinen Mitmenschen, wodurch etwas Ruhe einkehrt.

03–05 Uhr: Der Hund muss mit einigen Rückschlägen rechnen. Deshalb ist stets Vorsicht geboten.

05–07 Uhr: Der Hund wird mit einigen gesundheitlichen Problemen und finanziellen Verlusten zu kämpfen haben. Ernsthafte Probleme stellen sich ihm aber nicht.

07–09 Uhr: Der Hund geht mit seinem Geld sehr verschwenderisch um, weshalb er nicht lange etwas von seinem Vermögen hat.

09–11 Uhr: Dank Unterstützung von seinen Mitmenschen hat der Hund nie mit ernsthaften Problemen zu kämpfen.

11–13 Uhr: Der Hund befindet sich in einer Machtposition und lebt in Ruhm. Doch Achtung: Nicht alle meinen es gut mit ihm. Habgierige Menschen mit Hintergedanken bringen den Hund zu Fall.

13–15 Uhr: Obwohl der Hund völlig auf sich allein gestellt ist, führt er ein rundum sorgloses Leben.

15–17 Uhr: Um seine Karriere anzukurbeln und sich über seine Wünsche und Ziele bewusst zu werden, sollte der Hund seine Heimat verlassen.

17–19 Uhr: Gesundheitlich geht es dem Hund gar nicht gut. Auf eine Krankheit folgt die nächste.

19–21 Uhr: Obwohl der Hund sehr klug und vielseitig ist, wird er einige Rückschläge erleiden.

21–23 Uhr: Der Hund kehrt seiner Heimat den Rücken zu. Trotzdem liegt eine fröhliche und verheißungsvolle Zukunft vor ihm.

Kapitel 12

Das Schwein

Das Schwein ist ehrlich, sanftmütig und friedlich. Es würde seinen Mitmenschen niemals wehtun. Vielmehr bringt es anderen einen wirtschaftlichen Nutzen und gilt nicht umsonst als das »Sparschwein« der Bauern. Das Schwein belegt den zwölften Rang im Chinesischen Horoskop und ist bei seinen Mitmenschen ungemein beliebt.

Die Mondjahre des Schweines im Sonnenkalender

5. Februar 1923 bis 4. Februar 1924

5. Februar 1935 bis 4. Februar 1936

4. Februar 1947 bis 4. Februar 1948

4. Februar 1959 bis 4. Februar 1960

4. Februar 1971 bis 4. Februar 1972

4. Februar 1983 bis 3. Februar 1984

4. Februar 1995 bis 3. Februar 1996

4. Februar 2007 bis 3. Februar 2008

4. Februar 2019 bis 3. Februar 2020

4. Februar 2031 bis 3. Februar 2032

4. Februar 2043 bis 3. Februar 2044

Lebensweg

Das Schwein ist aufrichtig und hat einen ausgeprägten Gerechtigkeitssinn. Es zeichnet sich durch seine Direktheit aus und geht die Dinge stets gewissenhaft an. Zudem ist es freundlich, großzügig und ungemein beliebt bei seinen Mitmenschen, da es sich anderen gegenüber stets loyal verhält und immer bedacht handelt. Viele Menschen fühlen sich sehr zu diesem Tierkreiszeichen hingezogen, da Schweinemenschen Freundschaften ungemein wertschätzen. Auch legen Menschen, die im Jahr des Schweins geboren werden, großen Wert auf Anstand. Ihre äußerliche Erscheinung ist beeindruckend, beinahe ritterlich – eine Eigenschaft, die auch zu ihrem Charakter passt. Schweine sind nämlich stets zur Stelle, wenn andere ihre Hilfe benötigen. Diese Einstellung bringt ihnen nicht nur eine Menge Respekt ein, sondern stärkt sie auch in ihrem Selbstvertrauen. Sie vollbringen eine gute Tat nach der anderen. Gleichzeitig wird das Schwein aufgrund seiner Aufrichtigkeit und Ehrlichkeit selbst auch immer Hilfe von seinen Mitmenschen erhalten, wenn es mal in Not gerät – ganz ohne darum bitten zu müssen.

Persönlichkeit

Das Schwein ist willensstark und handelt stets besonnen. Gleichzeitig ist es aber auch leichtgläubig, romantisch, offenherzig und sanftmütig. Wenn es sich etwas vornimmt, ist es sehr fokussiert und gibt erst dann Ruhe, wenn es sein Ziel erreicht hat. Allerdings ist das Schwein schnell gereizt – eine Eigenschaft, an der es arbeiten sollte.

Scherenschnitt als Fensterschmuck:
Ein dickes Schwein versucht, die Tür zu öffnen

Eine chinesische Volkslegende besagt, dass »der Anblick eines Hundes Armut bedeutet, während ein Schwein Wohlstand verheißt«. An jedem ersten Tag des ersten Mondmonats pflegen chinesische Familien ihre Fenster mit Scherenschnitten zu dekorieren. Dabei wird je ein Scherenschnitt an das rechte und einer an das linke Fenster geklebt. Auf diese Weise erhofft man sich Wohlstand. *Ein dickes Schwein versucht, die Tür zu öffnen,* ist der geläufigste unter den Scherenschnitten. Besonders Bauern schätzen das Schwein sehr, da sie es mit Ernte und Reichtum verbinden. Auch für seine Gebärfreudigkeit wird das Schwein sehr geschätzt, da diese Eigenschaft ebenfalls für Wohlstand und ewige Fruchtbarkeit steht. Insbesondere zu einer ertragreichen Ernte im bevorstehenden Jahr soll der Scherenschnitt beitragen.

Beruf und Karriere

Das Schwein arbeitet sein Leben lang unermüdlich in den verschiedensten Berufen. Ganz egal, in welchem Bereich – es versucht energisch, zum Erfolg zu kommen und lässt sich niemals unterkriegen. Das zahlt sich aus. Man sollte dem Schwein also immer Vertrauen entgegenbringen, denn es wird seinen Weg auf jeden Fall gehen.

Liebe und Ehe

Menschen, die im Jahr des Schweins geboren wurden, dürfen sich auf ein erfülltes Liebes- und Familienleben freuen. Schweine, die heiraten, werden eine harmonische und glückliche Ehe führen, und auch für Schweine, die noch keinen Ehepartner gefunden haben, stehen die Sterne günstig. Das Schwein sollte möglichst einen Partner mit dem Tierkreiszeichen Tiger, Schaf oder Hase wählen. Bei Schlangen, Affen und Schweinen ist hingegen Vorsicht geboten.

Ehe: Welches Tierkreiszeichen passt zum Schweinemann?

Der Schweinemann mit der Rattenfrau: Diese Ehe wird perfekt sein, solange die Rattenfrau nicht die Beherrschung verliert.

Der Schweinemann mit der Büffelfrau: Beide Partner streben Beziehungen außerhalb ihrer Ehe an, weshalb sich zwischen den beiden einfach keine Liebe und Zärtlichkeit einstellen will.

Der Schweinemann mit der Tigerfrau: Die beiden werden harmonisch zusammenleben. Allerdings sollte sich die Tigerfrau nicht zu beeindruckt von ihrem Gatten zeigen.

Der Schweinemann mit der Hasenfrau: Wenn es eine perfekte Ehe gibt, dann diese. Die beiden respektieren einander, haben viele Gemeinsamkeiten und sind mit liebenswerten Kindern gesegnet.

Der Schweinemann mit der Drachenfrau: Die beiden können durchaus zusammenleben. Die Drachenfrau ist allerdings sehr introvertiert, was dem Schweinemann einiges abverlangt.

Der Schweinemann mit der Schlangenfrau: Die beiden geben kein gutes Paar ab. Der Schweinemann passt sich seiner Ehefrau zunächst an, ist aber unzufrieden und beschwert sich im Laufe der Zeit immer häufiger.

Der Schweinemann mit der Pferdefrau: Unterschiedlicher könnten die beiden kaum sein. Ein glückliches Zusammenleben ist daher nur möglich, wenn beide viel Verständnis füreinander aufbringen und sich gegenseitig unterstützen.

Der Schweinemann mit der Schaffrau: Die Schaffrau ist von der Persönlichkeit und den Fähigkeiten ihres Gatten ungemein angetan.

Der Schweinemann mit der Affenfrau: Diese Ehe wird durchschnittlich verlaufen. Der Schweinemann ist ein wenig überfordert mit seiner Rolle als Ehemann.

Der Schweinemann mit der Hahnenfrau: Der Schweinemann ist ungemein verständnisvoll. Damit macht er seine Gattin sehr glücklich.

Der Schweinemann mit der Hundefrau: Besser geht es kaum. Die beiden verstehen sich blendend und vertrauen einander blind.

Der Schweinemann mit der Schweinefrau: Diese Ehe kann entweder beneidenswert gut funktionieren, oder aber völlig scheitern. Damit ihre Liebe unter einem guten Stern steht, müssen sich beide mächtig ins Zeug legen.

Ehe: Welches Tierkreiszeichen passt zur Schweinefrau?

Die Schweinefrau mit dem Rattenmann: Die beiden werden eine glückliche und harmonische Beziehung führen. Ihr Leben verläuft ruhmreich und glanzvoll.

Die Schweinefrau mit dem Büffelmann: Der Büffelmann fühlt sich sehr zu seiner Gattin hingezogen.

Die Schweinefrau mit dem Tigermann: Die beiden verstehen sich blendend und bewundern einander. Sowohl die Schweinefrau als auch der Tigermann sind wahre Energiebündel und werden nicht müde, sich rührend umeinander zu kümmern.

Die Schweinefrau mit dem Hasenmann: Dieses Paar kann sich auf eine glückliche Ehe und liebenswürdige Kinder freuen.

Die Schweinefrau mit dem Drachenmann: In dieser Beziehung geht es relativ harmonisch zu. Die Schweinefrau geht sehr fürsorglich mit ihrem Ehemann um.

Die Schweinefrau mit dem Schlangenmann: Diese Konstellation ist wenig ratsam, da der Schlangenmann einfach nicht mit der Art seiner Frau zurechtkommt.

Die Schweinefrau mit dem Pferdemann: Diese Beziehung kann zwar funktionieren, allerdings kommt es hin und wieder zu kleinen Reibungen. Wenn beide an sich arbeiten, ist ein harmonisches Zusammenleben aber durchaus möglich.

Die Schweinefrau mit dem Schafmann: Die beiden kommen gut miteinander aus. Sowohl die Schweinefrau als auch der Schafmann sind sehr besonnen, weshalb diese Ehe ewig hält.

Die Schweinefrau mit dem Affenmann: Die Schweinefrau sieht über das Fehlverhalten ihres Mannes hinweg, solange dieser nicht zu weit geht.

Die Schweinefrau mit dem Hahnenmann: Diese Konstellation ist nicht gerade ideal. Die Schweinefrau stellt sich als ungemein verwöhnt heraus, was ihrem Gatten missfällt.

Die Schweinefrau mit dem Hundemann: Harmonischer geht es kaum. Die beiden führen ein glückliches Leben und bringen viele Kinder zur Welt.

Die Schweinefrau und der Schweinemann: Manchmal gibt es zwischen den beiden Kommunikationsschwierigkeiten. Wenn das Paar dann auf Abstand geht und versucht, Auseinandersetzungen zu vermeiden, kann diese Beziehung dennoch funktionieren.

Reichtum und Wohlstand

Menschen, die im Jahr des Schweins geboren wurden, haben ein geregeltes Einkommen und führen in finanzieller Hinsicht ein sorgloses Leben. Dennoch sollten sie sich mehr mit diesem Thema auseinandersetzen und ihr berufliches Engagement dazu einsetzen, ihre Finanzen sinnvoll zu verwalten. Nur so können sie langfristig ein Vermögen aufbauen.

Das Schicksal des Schweins in den verschiedenen Tierjahren

Das Jahr der Ratte: Das Schwein versucht, den beruflichen Durchbruch zu schaffen, um reich zu werden. Dabei stößt es auf einige Schwierigkeiten. Zum Glück erhält es Unterstützung von seinen Mitmenschen.

Das Jahr des Büffels: In diesem Jahr läuft es beruflich und finanziell richtig gut. Zur Jahresmitte muss das Schwein einige Hürden überwinden und macht kleinere Verluste, was ihm aber nichts anhaben kann. Es sollte mehr gute Taten vollbringen.

Das Jahr des Tigers: In diesem Jahr passieren viele unerwartete Dinge und das Schwein findet sich oft in unangenehmen Situationen wieder. Schweine, die im Südosten wohnen, haben mehr Glück und erhalten Unterstützung von ihren Mitmenschen.

Das Jahr des Hasen: Das Schwein weiß genau, an welchen Rädchen es drehen muss, um Geld zu machen. Sobald der Sommer vorüber ist, wird es allerdings auf einige Schwierigkeiten stoßen. Deshalb sollte es Streitsituationen meiden und jede Chance nutzen, um sich Vorteile zu sichern.

Das Jahr des Drachen: Das Schwein ist in diesem Jahr wirklich zu beneiden. Es ergattert eine Position im öffentlichen Dienst und legt eine steile Karriere hin. Für seinen Job ist es bereit, seine Heimat zu verlassen. Auch in der Ferne folgt eine gute Nachricht auf die nächste. Allerdings hat das Schwein mit gesundheitlichen Problemen zu kämpfen. Dadurch verliert es wiederum an Geld und Einfluss – ein Los, das in Wirklichkeit die Freiheit bedeutet.

Das Jahr der Schlange: Das Schwein verlässt seine Heimat, um einen Job zu finden. Dabei ist es flexibel und stets bereit, den Beruf zu wechseln. Es hat einen guten Geschäftssinn, was ihm durchaus einige Vorteile verschaffen kann. Das Schwein sollte gut auf seine Gesundheit und die seiner Familie achten. Finanzielle Verluste können sich durchaus befreiend anfühle.

Das Jahr des Pferdes: In diesem Jahr darf sich das Schwein auf ein beträchtliches Vermögen und Gewinne freuen. Dank Unterstützung seiner Mitmenschen kann es selbst aus Steinen, die ihm in den Weg gelegt werden, etwas Schönes bauen. Dem Schwein gelingt es jedes Mal, Probleme im Keim zu ersticken.

Das Jahr des Schafs: Die Sterne stehen günstig. Auch ohne große Anstrengung erzielt das Schwein großartige

Resultate. Es darf sich auf eine glückliche, erfolgreiche und ruhmvolle Zeit freuen. Allerdings sollte es seine Heimat nicht zu oft verlassen und sich beruflich festlegen. Andernfalls muss sich das Schwein auf eine Pechsträhne einstellen und verpasst einige gute Chancen.

Das Jahr des Affen: Vorsicht ist geboten. In diesem Jahr haben Gesundheit und Frieden Priorität.

Das Jahr des Hahns: Obwohl das Schwein hart arbeitet, muss es sich auf finanzielle Verluste gefasst machen. In diesem Jahr sollte es mehr nach Ruhm als nach Reichtum streben.

Das Jahr des Hundes: Nachdem das Jahr nur mäßig startet, wendet sich das Blatt schließlich. Dank der Hilfe seiner Mitmenschen, kann das Schwein Problemen aus dem Weg gehen, endlich etwas Ruhe in seinen Alltag bringen und sogar einige Gewinne erzielen.

Das Jahr des Schweins: Das Schwein sollte sich vor falschen Freunden hüten. Beruflich wird es durch viele Höhen und Tiefen gehen, und auch finanziell läuft es nicht besonders gut. Daher sollte es mit Investitionen vorsichtig sein, um nicht sein gesamtes Vermögen zu verlieren. Sicherheit geht vor.

Das Schicksal des Schweines nach den verschiedenen Geburtsmonaten des Mondkalenders

1. Mondmonat: Das Schwein zeichnet sich durch seine Willensstärke aus. Es ist aufrichtig, kritisiert seine Mitmenschen aber gerne und neigt zur Ungeduld. Zudem ist es nicht besonders selbstständig und im Umgang mit anderen eher verschlossen.

2. Mondmonat: Schweine, die in diesem Monat geboren wurden, sind wahre Frohnaturen. Sie sind vielseitig, lebhaft und werden im Laufe ihres Lebens viel erreichen.

3. Mondmonat: Das Schwein erfreut sich bester Gesundheit. Allerdings eckt es aufgrund seiner Sturheit oft an. Da es keine bösen Absichten hat, wird es von seinen Mitmenschen trotzdem respektiert.

4. Mondmonat: Das fröhliche Schwein hat das Zeug dazu, eine Führungsrolle einzunehmen. Doch obwohl es viele Wohltäter an seiner Seite weiß, wird es kaum Erfolge erzielen. Nur wenn es ein wenig bodenständiger wird, kann das Schwein das Ruder herumreißen.

5. Mondmonat: Das sanftmütige Schwein wird sich in der Kunst- und Literaturszene einen Namen machen. Der große Durchbruch gelingt ihm allerdings nicht, da es ihm an Mut und Einfallsreichtum fehlt. Dank seiner offenen Art wird das Schwein im Alter aber schließlich trotzdem zum Glück finden.

Das Jadeschwein der Han-Dynastie

Bei diesem Objekt handelt es sich um eine typische Grabbeigabe. Früher stand das Schwein für Wohlstand. Die Anzahl der Schweine gab damals Aufschluss darüber, wie vermögend eine Familie war. Wie man heute weiß, war es bereits in der Jungsteinzeit üblich, Schweine aus Ton sowie Töpfe mit entsprechenden Verzierungen mit den Toten zu begraben. Geschnitzte Jadesteine in Form eines Schweins sollten den Reichtum darstellen, den der Verstorbene mit in eine andere Welt nahm. Dieses Jadeschwein stammt aus der Han-Dynastie. Die meisten Dekorationen dieser Art wurden in Gräbern dieser Dynastie gefunden. In der Regel legte man das Objekt dem Verstorbenen in die Hand.

6. Mondmonat: Obwohl das Schwein mit großartigen Talenten gesegnet ist und eine Menge weiß, bringt es kaum etwas zustande. Dies liegt nicht zuletzt an seinem faulen Gemüt.

7. Mondmonat: Das Schwein führt ein sorgloses Leben. Obwohl es ein wenig launenhaft ist, wird es mit hoher Wahrscheinlichkeit erfolgreich. Wohin es das Schwein auch verschlägt: Alles läuft nach Plan.

8. Mondmonat: Schweine, die in diesem Monat geboren wurden, sind sehr autoritär und werden einmal eine Machtposition einnehmen, die ihnen Ruhm, Erfolg und Respekt verschafft. Auch in harten Zeiten sollte es sich nicht unterkriegen lassen.

9. Mondmonat: Das Schwein führt ein sorgloses Leben in Ruhm und Wohlstand. Es ist sehr beliebt bei seinen Mitmenschen und erhält eine Menge Zuspruch.

10. Mondmonat: Das rechtschaffene und respektvolle Schwein wird im hohen Alter ein glückliches Leben in Wohlstand führen.

11. Mondmonat: Das Schwein ist dafür bekannt, jähzornig und stur zu sein. Trotzdem führt es ein sorgloses, ruhmreiches und erfolgreiches Leben und ist mit sich selbst im Reinen.

12. Mondmonat: Zwar führt das Schwein ein weitgehend sorgloses Leben, schafft es aber nicht, sich eine Position im öffentlichen Dienst zu sichern. Eine Pechsträhne jagt die nächste, das Glück lässt auf sich warten. Seine Talente bringen dem Schwein rein gar nichts.